CÓMO CRIAR
NIÑOS
EMOCIONALMENTE SANOS

CÓMO CRIAR
NIÑOS
EMOCIONALMENTE SANOS

satisfaciendo sus cinco necesidades vitales
¡y también las de los padres!

GERALD NEWMARK, Ph.D.

NMI Publishers
Tarzana, California

NOTA

Para facilitar la fluidez de la lectura y comprensión de este libro empleamos las palabras padre e hijo para referirnos tanto a los padres y madres como a los hijos e hijas. Lo mismo ocurre con la paternidad, ya que nos referimos al hecho de ser padre o madre. El lector deberá comprender que en el texto los pronombres él o ella, hijo o hija, niños y niñas son intercambiables en la mayoría de los casos.

Séptima impressión

Publicado por
NMI Publishers
18653 Ventura Boulevard, Suite 547
Tarzana, CA 91356
818-708-1244
nmipub@earthlink.net

Título original de la obra:

How to Raise Emotionally Healthy Children

Biblioteca del Congreso, número de catálogo: 00 093143

ISBN: 0-932767-08-7

Impreso en Estados Unidos de América

Para mi encantadora esposa,
Deborah,
quien se despierta
sonriendo,
se va a dormir
sonriendo
y llena mi vida de
alegría y orgullo.

Índice

Agradecimientos

*F*ueron muchas personas las que contribuyeron a este proyecto en sus diferentes etapas. Primero, y antes que nada, quiero expresar mi más sincero agradecimiento a los niños, padres y maestros de tres escuelas primarias del Distrito Escolar Unificado de Los Ángeles, Pacoima, Wilshire Crest y Dublin Avenue, quienes participaron en el proyecto de Asesoría para la Comunidad dónde nació la idea de este libro. Me enseñaron muchísimo sobre las relaciones entre padres e hijos y maestro y niños.

Tengo una gran deuda con todas las personas que leyeron y criticaron uno o más de los borradores. Sus comentarios, sugerencias y anécdotas contribuyeron a mejorar los siguientes borradores. Ellas son: Jan Amsterdam, Kaela Austin, Kathy Cohen, Bill Crawford, Terry David, Denis Girard, Shirley Kessler, Trisha King, Dr. Fred Penrose, Richard Satzman, Dr. Harry Silberman y Gail Zeserman.

Algunas personas constantemente me asesoraron, dieron ideas y apoyaron durante todas las fases del proyecto. Sus aportaciones mejoraron considerablemente el producto final lo cual es para mí una gran satisfacción personal y profesional. Ellas son: Mary Ellen Cassman, Steve Gussman, Dr. Richard Helfant, Dr. Ralph Melaragno y Dan Stein. Con Patricia Sun mantuve largas conversaciones sobre cómo ser padres que me inspiraron y fueron muy valiosas.

Gracias a Stan Corwin, mi agente, por sus consejos y confianza en el libro. La cuidadosa redacción de Aviva Layton fue una gran aportación a la claridad y concisión del libro. Gracias también a Frieda Greene y Cynthia Citron por su cuidadosa revisión. Agradezo a Kathy Arft por haber recopilado la información, revisado los detalles y mecanografiado las versiones finales y especialmente a Steve Gussman por el diseño de la portada y por su dedicación para que saliera bien. Muchas gracias a Tina Hill por el diseño del libro y composición en computadora, como también por su paciencia y actitud positiva ante los cambios de última hora.

Me siento muy agradecido con el Dr. Alex Kopelowicz por la crítica que le hizo al libro y los consejos personales durante periodos de tensión. Mi gratitud también para el Dr. Giovanni Aponte y el personal de Meadowbrook por su continuo apoyo y dedicación. A Norman Horowitz deseo agradecerle su amistad, consejos e ideas incitantes. Mi amor para Annie Zeserman por ser quien es y por traer a Deborah a este mundo. También gracias a mis amigos de mi niñez del P.S. 96, P.S. 89, y Columbus High en el Bronx por haberme dado un sentimiento de comunidad durante una niñez que a veces fue difícil pero también estimulante.

A mi hermano mayor, más guapo, más rico, más listo y en ocasiones más sabio, Irv, gracias por los años de conversaciones sobre las funciones de los padres y en las que pudimos identificar aspectos de nuestra conducta que no siempre ayudaron a mejorar la salud emocional de nuestros hijos. También gracias por tu amor y apoyo constante, siempre tan importantes para mí.

A mi madre y mi padre, Esther y Joe, mi gratitud eterna por haberme dejado con estos sentimientos tan positivos sobre la importancia de la familia.

A mi hijo David, mi gratitud desde del fondo de mi corazón por haberme enseñado de una manera que nadie más pudo, unas lecciones muy importantes sobre la paciencia, la perseverancia, la comprensión, el valor y el amor.

Reconocimiento

Las siguientes personas trabajaron hábil y diligentemente para terminar a tiempo la versión en español, la cual mantiene la calidad y el estilo del texto original:

Margarita Friedman — Traducción
Kleber Palma — Edición
Isabel Vázquez — Corrección
Steve Gussman — Diseño de la portada
Tina Hill — Diseño del libro
Alex Jáuregui — Fotografía de la portada

La edición en español ha sido posible gracias al generoso apoyo de Edison International.

Prólogo

Habiendo una multitud de libros disponibles sobre las funciones de los padres y la niñez, es sorprendente y muy satisfactorio darle la bienvenida a un nuevo libro caracterizado por un enfoque directo y claro que le es importante a los adultos como a los niños a los que se dirige. El Dr. Newmark reta la postura antiquísima y arraigada de la intuición y experiencia. Él sugiere que se emplee una estrategia sistematizada y con objetivos para poder reconocer y satisfacer las cinco necesidades vitales de los niños. Estas necesidades emocionales —sentirse respetados, importantes, aceptados, incluidos y seguros— ni son extrañas ni difíciles de entender. La importancia de estas necesidades es obvia ya que contribuyen claramente a elevar el amor y valor propio. El autor demuestra ampliamente que las reacciones erráticas o emocionales de los padres con frecuencia niegan estas necesidades y dejan en la mente del niño rastros de ansiedad, duda sobre sí mismos e inseguridad.

Lo que es más, estas necesidades son igualmente importantes para los adultos. Desafortunadamente en nuestra relación personal frecuentemente las ignoramos en detrimento de la misma y de nuestra salud mental. ¿Es posible que aprendamos algo de nuestros hijos? Cabe decir que el Dr. Newmark constantemente sugiere que nuestros hijos tienen algo que enseñarnos si tan sólo los observamos y escuchamos. Con frecuencia tienen ideas cuya utilidad o importancia no percibimos y también nos dicen verdades que se nos escapan.

Este libro es para que los padres, especialmente los nuevos, lo tengan junto a su cama. Es un libro que el personal de las instituciones infantiles y quienes cuidan profesionalmente a los niños deben de leer y recomendar a sus clientes y pacientes. Su mensaje debería ser incorporado en el salón de clase de los maestros y en el trabajo de quienes trabajan con los jóvenes. Pienso que los padres —y otros adultos— que logren exitosamente satisfacer estas necesidades vitales en la práctica diaria, definitivamente criarán niños emocionalmente sanos, y además, como beneficio adicional, aunque no por eso menos importante, también mejorarán su propia salud mental.

Roy W. Menninger. M.D.
Presidente del Consejo
de Administración de la
Fundación Menninger

Introducción

(Los retos de los padres: placeres, paradojas y escollos)

Qué felicidad es levantarse todas las mañanas sabiendo que la relación con mi hijo va a ser positiva y beneficiosa y que, además de saber qué es lo que necesitará para crecer emocionalmente sano, sé que se lo voy a poder proporcionar. Es también motivo de gran satisfacción saber que no importa lo que suceda durante el día, mi conducta va a ser consistente y positiva y que en vez de sentirme abrumado, frustrado, desconcertado o perdido, sé que es lo que debo hacer.

Aún más, es un placer irse a dormir sabiendo que durante el día hice casi siempre lo correcto y que ni me siento culpable ni angustiado de nada o casi nada. También me tranquiliza saber que si en algún momento no me comporté como debí, me di cuenta a tiempo e hice lo necesario para corregir el problema.

Qué afortunados somos porque mi esposa y yo estuvimos de acuerdo sobre la filosofía y las técnicas que emplearíamos para ser buenos padres y porque pudimos discutir constantemente nuestro desempeño, no sólo cuando había problemas. Nos sentimos bien porque no fuimos padres pasivos, esperando a reaccionar cuando las cosas salían mal o había problemas. Todo lo contrario, fuimos emprendedores y creamos una vida familiar dinámica, feliz y que nos unía. También nos dimos cuenta de lo maravilloso que fue para nuestro hijo que estuviésemos relajados y que tuviéramos confianza en nosotros y en lo que hacíamos.

Si lo que he dicho parece un sueño, están en lo correcto. No es así como fue nuestra vida, ni lo es para la mayoría de los padres. Casi todos —junto con la alegría y la emoción de ser padres— somos inconsistentes y sufrimos de inseguridad y ansiedad. Al igual que la conducta de muchos otros padres, la nuestra fue caótica, desenfocada y nos la pasamos tratando de solucionar crisis. No teníamos idea de qué hacer para ser buenos padres, ni de que existiese algún sistema seguro para lograrlo. Conforme fui adquiriendo más experiencia, pericia y conocimientos sobre las relaciones entre padres e hijos, surgió la idea de escribir este libro y la posibilidad de ir preparando un mapa que ayudase a los padres a hacer realidad el sueño antes mencionado. Las siguientes consideraciones son una introducción a los temas de este libro.

Ser un padre es una de las mayores dichas que uno puede tener en la vida, pero también una de las responsabilidades más difíciles y angustiosas que podemos llegar a tener. A pesar de que esta importante tarea es una de las más complejas y desafiantes que el ser humano puede llegar a tener en su vida, la capacitación que tenemos para cumplirla es nula o casi nula. Como si fuera poco, podríamos decir que una vez que uno es padre, lo sigue siendo para el resto de la vida . . . y frecuentemente no se simplifica con el tiempo. Recuerdo que mi madre decía: "cuando los niños son chicos, los problemas son chicos, cuando crecen, crecen los problemas".

Los padres nunca dejan de preocuparse por sus hijos y pocas veces dejan de tratarlos como niños aunque ya sean adultos. Una de mis anécdotas favoritas es sobre una llamada telefónica de mi madre que recibí justo al llegar al hotel en Denver. Me llamaba para recordarme que tenía que acostarme temprano porque cuando salí de Los Ángeles tenía catarro. Mi hermano, quien me acompañaba en esta gira de conferencias, fue quien levantó el teléfono y le contestó: "Mamá, el niño tiene 54 años, ya puede decidir a qué horas se va a la cama".

Hay varias cosas que los padres tienen en común: la primera es que todos sobrevivimos la niñez, unos más, otros menos. Otra es que queremos que nuestros hijos sobrevivan la niñez y les vaya tan bien o mejor de lo que a nosotros nos va. La tercera es que queremos ser unos padres excelentes y hacer lo que es mejor para nuestros hijos. Desafortunadamente no nos percatamos de lo difícil que es la tarea y muy pronto nos damos cuenta que las buenas intenciones y el sentido común no son suficientes.

Esta época, en la que nuestros hijos crecen, está llena de cambios, ansiedades e incertidumbres. Puede ser una de las más difíciles de la historia. Como ejemplo de la incertidumbre, se dice que un chico que ahora cursa el 12° grado cambiará en el transcurso de su vida cuando menos cuatro veces de profesión, no sólo de empleo, pero de profesión, y que el 75 por ciento de estas profesiones aún no existen. Es alarmante la cantidad y la gravedad de los problemas que tienen los adolescentes, como suicidios e intentos de suicidio, alcoholismo, tabaquismo, drogadicción, promiscuidad, interrupción de estudios, crimen y violencia. Muchos de estos problemas los tienen niños aún más jóvenes.

A veces, debido a nuestros temores y preocupaciones, tratamos de moldear y proteger demasiado a nuestros hijos y

no les damos lo que necesitan. Les hablamos, los sermone-
amos, regañamos, castigamos, aconsejamos, amonestamos;
no acabamos de amenazarlos cuando ya los estamos inun-
dando de demostraciones de amor.

Con demasiada frecuencia reaccionamos ante las situaciones en vez de prevenirlas. Nos la pasamos corrigiendo lo
que el niño hace mal en vez de procurar un ambiente positivo
que requiera menos correcciones. No contamos con una idea
clara de lo que significa e implica ser buenos padres ni tampoco tenemos una estrategia para lograrlo.

Todo esto ocurre no porque no haya suficiente información
sobre cómo ser buenos padres; todo lo contrario, hay mucha,
tal vez demasiada, y muchas veces contradictoria. Este cú-
mulo de información puede llegar a abrumar a los padres
quienes carecen de una filosofía básica y de las herramientas
necesarias que les permita convertir los conceptos en una
práctica cotidiana que beneficie a sus hijos.

Ser padre no es algo que se aprende una vez y se domina
para el resto de la vida. Sabemos que ser padre de un niño de
un año de edad es muy diferente que de uno de tres, cinco o
diez años y que ser padre de un adolescente es algo totalmente
diferente. Por naturaleza ni estamos emocionalmente preparados, ni tenemos los conocimientos necesarios para ser
padres y, para colmo, no mejoramos automáticamente con la
experiencia. Ante esto, aunado a los constantes cambios de la
sociedad, queda claro que los padres se enfrentan ante el reto
de ser aprendices de padres por el resto de su vida.

La base de mi tesis es que todos los niños tienen cinco
necesidades vitales para su salud emocional. Estas son: la
necesidad de sentirse respetados, importantes, aceptados,
incluidos y seguros. Sólo cuando los padres entienden estas
necesidades básicas, reconocen su importancia y aceptan que
la crianza de los niños es una responsabilidad profesional,
entonces pueden desarrollar una estrategia general y con-

sistente para poder educar a sus hijos. Al hacerlo, tendrán mayores probabilidades de llegar a ser los padres que anhelan ser: previsores en vez de reaccionar ante las situaciones, protectores sin llegar a ser controladores o demasiado tolerantes, asertivos, consistentes y relajados en vez de pusilánimes, caóticos y tensos.

Dentro de este marco de referencia, los padres aprenderán a proporcionar la suficiente libertad para que los niños aprendan a tomar decisiones y tener confianza en sí mismos, a ser responsables, independientes y seres pensantes. Los padres tendrán además los elementos necesarios para guiar y disciplinar a sus hijos para que no se lastimen, se desenfrenen, sean desconsiderados o carezcan de un sentido social.

Este libro presenta una filosofía sobre las funciones de los padres y una estrategia de acción basada en las cinco necesidades básicas de los niños que deben satisfacerse para alcanzar la salud emocional, tanto de los niños como de los padres y de las familias. En el libro los padres encontrarán:

- Las características y los requisitos necesarios para ser excelentes padres: tener objetivos, ser sistemáticos, emprendedores y previsores, consistentes, incluyentes, respetuosos, positivos, amorosos, y siempre dispuestos a corregir sus propios errores.

- Una filosofía sobre cómo ser buenos padres y una serie de valores fundamentales que permite a los padres relacionarse con sus hijos con convicción y fortaleza.

- La manera de enfocarse en las cinco necesidades vitales de los niños necesarias para su salud emocional y los métodos que los padres pueden emplear para satisfacerlas.

- La explicación de por qué el sentido común y el amor *no son suficientes,* aunque sí necesarios e importantes, y la definición de un amor que sí tiene sentido y ayuda a la labor de los padres.

- Una estrategia detallada para que los padres tengan confianza y actúen consistentemente de manera más satisfactoria y menos estresante para ellos y sus hijos.

- Planes de acción específicos para ayudar hasta a los padres más ocupados a lograr un estilo de vida balanceado que les permita tener actividades y experiencias junto con sus hijos para que juntos maduren.

- Herramientas sencillas pero poderosas para que los padres puedan medir su efectividad y hacer cambios constructivos y oportunos.

Los niños que crecen teniendo este tipo de padres, por lo general tienen la tendencia a:

- Respetarse a sí mismos y a relacionarse respetuosamente con los padres y demás personas.

- Sentirse importantes y capaces de relacionarse con confianza con la gente y en diferentes situaciones.

- Aceptarse a sí mismos y a los demás y a tener una idea positiva en la vida.

- Aceptar responsabilidades y a disfrutar el hecho de ser incluidos y a contribuir en las actividades y tareas que mejoran la vida familiar.

- Confiar en ellos mismos y ser capaces de resistir las influencias negativas de sus compañeros y de la sociedad.

- Autodisciplinarse y no ser impulsivos ni autodestructivos.

• Compartir abiertamente con los padres sus alegrías, ansiedades y problemas y estar dispuestos a pedirles información y consejo.

• Tener la suficiente seguridad para aceptar la crítica, admitir los errores y hacer cambios.

• Aprovechar las actividades familiares para mejorar los conocimientos y habilidades.

• Construir relaciones positivas con hermanos y compañeros.

Para escribir este libro, me apoyé en varias fuentes. Los conceptos iniciales son resultado de mi experiencia personal: primero analicé mis relaciones y conducta de niño con mis padres, después, ya como padre, con mi propio hijo, y, finalmente como maestro, con mis estudiantes y sus padres. A partir de estas consideraciones iniciales es que empecé a formular algunas ideas generales y muchas preguntas sobre las necesidades de los niños y el tipo de comportamiento de los padres que amenaza la satisfacción de estas necesidades.

Estas ideas empezaron a consolidarse durante los siete años que fui codirector de un proyecto apoyado por la Fundación Ford para crear una escuela primaria modelo en las escuelas de Los Ángeles, California. Al trabajar de cerca con los maestros, profesores y niños me quedó claro que algunos adultos eran más efectivos con los niños que otros. Para averiguar qué era lo que los diferenciaba, empecé a observar de cerca cómo se relacionaban los niños y los padres y luego mantuve largas conversaciones con los padres, los profesores y los niños. En este punto, fue cuando mi concepto de las cinco necesidades de los niños empezó a cristalizarse.

Como resultado, desarrollé una serie de conferencias y seminarios sobre las relaciones entre padres y niños que fueron patrocinados por grupos escolares, religiosos y civiles. La confirmación del concepto de las cinco necesidades críticas de los niños surgió de las entrevistas y cuestionarios que fueron llenados por cientos de jóvenes y padres que acudían a las sesiones. El material y las conclusiones aquí presentadas son una síntesis representativa de estas experiencias y el resultado de una vida de observación y estudio.

Este libro fue escrito para los padres de niños de todas las edades, desde los bebés que están por nacer, los recién nacidos, hasta los adolescentes. Es también valioso para profesores y escuelas y todas las personas que tienen que ver con la educación y el cuidado de los niños. El objetivo primordial es: a) mejorar la salud emocional de los niños, de los padres y de las familias, b) pasar rápida y conscientemente de los conceptos a la acción y c) lograr que las funciones de los padres sean agradables y positivas. Se trata de ser padres como si los niños y también los padres ¡*realmente importaran!*

Las cinco necesidades vitales de los niños

(Saber ser padres como si a uno realmente le importaran los niños)

*T*al como lo mencioné anteriormente, el ser padre no es algo que se aprenda una vez y se domine para siempre. Los niños en cada edad tienen diferentes necesidades, y los padres deben saber ajustarse. Hay que aprender a ser buen padre y nuestros hijos, si les damos la oportunidad y nos tomamos el tiempo para escucharlos, son frecuentemente nuestros mejores maestros. Aunque los niños comprenden las cosas según su edad y personalidad, creo que tienen en común a cualquier edad cinco necesidades vitales: sentirse respetados, importantes, aceptados, incluidos y seguros. Las llamo "vitales" porque, una vez satisfechas, son la clave para el desarrollo de un niño emocionalmente sano. Son como un mapa que guía las acciones, evalúa el progreso, apoya los logros y soluciona las carencias de los padres. Este mapa, junto con sus planes de acción, cada año aumenta la probabilidad de ir mejorando como padres.

La necesidad de ser respetado

Los niños necesitan sentirse respetados, y para lograrlo deben ser apreciados y valorados. Se les debe tratar con consideración, respeto y cortesía, como seres humanos independientes y no como apéndices de sus padres u objetos que se pueden moldear y manejar. Los niños necesitan ser respetados como personas autónomas con voluntad propia.

Cuando no se les respeta, su autoestima disminuye y pueden volverse rebeldes e irrespetuosos con los demás. Cuando se les trata como si fueran ciudadanos de segunda clase, llegan a sentir —algunas veces inconscientemente— que hay algo malo en ellos.

Es sorprendente cómo muchos padres tratan a sus hijos de la misma manera que fueron tratados de niños y que detestaban. Es muy difícil romper el acondicionamiento aunque uno quiera, ¡a veces hasta usamos las mismas frases de nuestros padres! Mientras que un padre actúe de tal manera que inculque el "haz lo que digo, no lo que hago", sus hijos tendrán los mismos valores. A los niños hay que tratarlos con el mismo respeto que deseamos para nosotros mismos. Por ejemplo, toma el mismo tiempo y esfuerzo decir: "lo siento mi amor, ahorita no puedo" que "¿qué no vez que estoy ocupado? ¡Ya deja de molestarme!" El impacto en el niño es totalmente diferente. Un simple acto de cortesía en un niño hace maravillas.

Las opiniones de los padres, sus valores, actitudes y acciones son importantes para los niños y para los adolescentes, aunque éstos a veces pretendan que no les importa. La descortesía, la rudeza y la desconsideración de los adultos es a veces el resultado de no detenerse a pensar. No pensamos que los niños tienen las mismas necesidades que los adultos, ni nos percatamos del efecto que causamos en ellos con lo qué decimos y la manera en que lo decimos.

Si a los niños se les trata con respeto, se sienten bien consigo mismos y es más probable que sean respetuosos con los demás, incluso con sus propios hijos cuando sean padres.

Las siguientes áreas son algunas en las que puede mejorar mucho nuestra relación con los niños.

RUDEZA, DESCORTESÍA

Mientras estaba visitando a un amigo que conversaba con su hijo de ocho años, sonó el teléfono. A pesar de que el niño estaba hablando en ese momento, el padre, abruptamente y sin decir una palabra, contestó la llamada y se quedó hablando largamente. Cuando el niño se le acercó y trató de terminar lo que estaba diciendo, el padre se molestó y lo regañó: "No seas grosero, ¿qué no ves que estoy hablando?". En esta situación, pregunto, ¿quién es grosero?

¿Qué hubiera pasado si después de escuchar sonar el teléfono mi amigo le hubiera dicho a su hijo: "Perdóname Tito. Voy a ver quien llama. Ahorita regreso"? Y si le hubiera dicho a quien le llamaba: "Lo siento, tendré que llamarte después. Estoy conversando con mi hijo", además de haber sido respetuoso, imagínense qué importante se hubiera sentido el niño.

En una ocasión, cuando trabajaba para una empresa de investigación, las cosas no me estaban saliendo bien y, desilusionado, me fui temprano a casa. Al llegar, mi hijo ya había llegado de la escuela y estaba en la cocina sirviéndose *cornflakes* con leche. Al darme cuenta que había dejado la puerta del refrigerador abierta, lo empecé a regañar porque por descuidado se iba a echar a perder la comida y no teníamos dinero para tirar. De pronto David comenzó a llorar.

—¿Y ahora por qué lloras? —grité.

—No lo hice a propósito; me tratas como si fuera un delincuente —me contestó.

—¡Ay, eres un bebote! —le dije y me salí de la casa.

Después de caminar un rato, ya calmado me di cuenta que mi reacción desproporcionada no tenía nada que ver ni con mi hijo ni con el refrigerador. En realidad fue una respuesta a cómo me sentía conmigo y con mi trabajo. Había actuado como si antes de acostarse mi hijo hiciese una lista de "las maneras para hacer miserable la vida de mi papá". Naturalmente que no era cierto, pero mi tono de voz y comportamiento eran como si hubiese cometido un delito muy serio. Al darme cuenta que no lo había tratado respetuosamente regresé y le pedí perdón.

En una ocasión, mientras observaba las actividades escolares durante el recreo, vi que una maestra le gritó a una niña que iba botando la pelota mientras caminaba: "¿A dónde vas con esa pelota? ¡Tienes que dejarla, el recreo ya terminó! ¡Ven para acá inmediatamente!" La niña se dio la media vuelta y dejó hablando sola a la maestra. La maestra corrió y, agarrándola del hombro, le dijo: "¡No te atrevas a darme la espalda!" y se la llevó a la oficina del director. El director, después de regañar a la niña por desobediente, le preguntó: "¿Por qué actúas de esa manera? ¿Por qué no haces lo que te dice la maestra?", a lo cual simplemente contestó: "Porque no me gustó cómo me habló". Efectivamente, los niños también tienen sentimientos.

LAS MENTIRAS

Mentirle a los niños es otra manera de no tratarlos con respeto. Cuando lo hacemos, perdemos credibilidad y les damos la impresión de que está bien decir mentiras y que los adultos tal vez no creen que hay que decirle la verdad a los niños.

Se empieza con cosas pequeñas, como cuando le decimos a un niño que es por su propio bien cuando en realidad sabemos que es para nuestra conveniencia, o cuando hacemos una promesa que no cumplimos, o cuando mentimos para librarnos de algo. Al hacerlo perdemos la oportunidad de ayudarlos a tener una postura sólida contra las mentiras y, si luego los castigamos por mentirosos, aumentamos el problema.

Una vez que visitaba una escuela privada, vi a un niño que llevaba un letrero que decía "Soy un mentiroso". Cuando le pregunté por qué lo llevaba, me contestó que lo habían castigado por mentir. Haciendo el papel del abogado del diablo, pregunté:

—¿Y qué hay de malo con mentir?

—Pues cuando mientes casi siempre te descubren y te castigan.

—¿Y si no te descubren, ¿entonces sí se puede mentir?

—Supongo que sí —fue su respuesta.

En un periódico salió un artículo sobre la gravedad del problema. Decía que mentir era tan común en la sociedad norteamericana que ya la mayoría de las personas no sabía cuando estaba mintiendo o diciendo la verdad.

A nivel inconsciente, cuando menos, la tensión interna en los niños debe ser mayor cuando quieren creer que sus padres son un dechado de virtudes y notan que ellos dicen mentiras. Cuando estamos creciendo, nos sorprendemos y molestamos al darnos cuenta que nuestros padres son seres humanos con muchos defectos y errores. Con los niños especialmente, ¡la honestidad es la mejor táctica!

ACTITUDES QUE HUMILLAN

Si cuando nuestros hijos cometen errores o no hacen lo que les pedimos, los ofendemos y llamamos estúpidos, tontos, flojos, egoístas, avaros, o los humillamos de cualquier otra manera, ya sea con palabras, con nuestro tono de voz o acciones, estamos siendo irrespetuosos. El objetivo de los padres deberá ser comprender por qué el niño actúa inapropiadamente y encontrar la manera de ayudarlos a comportarse más constructivamente. El enojo exagerado o inapropiado, la impaciencia y el sarcasmo hace que los niños se vuelvan defensivos y vengativos. Cuando esto pasa, ni los padres ni los hijos aprenden mucho. Por ejemplo, si a un chico que cursa el 11° año escolar y tiene poco interés en sus estudios le decimos que más le vale que se busque un trabajo de lavaplatos durante las tardes porque es lo único para lo que servirá si no va a la universidad, le estamos faltando al respeto y resulta contraproducente. Decirle a nuestra hija que parece una mujer de la calle por la manera en que se maquilló y vistió, no la motivará a consultarnos en asuntos de belleza y arreglo personal.

EL INTERRUMPIR, IGNORAR Y NO PONER ATENCIÓN

Somos irrespetuosos cuando no escuchamos a nuestros hijos o nos distraemos fácilmente, cuando no les ponemos toda nuestra atención o los ignoramos. Esto pasa cuando nos hablan y no les contestamos, cambiamos de tema sin importar lo que estaban diciendo, o los interrumpimos para pedirles que hagan algo. Si un amigo o pariente le pregunta a nuestra hija —¿cómo te fue en la escuela, Anita? —y, antes que responda, interrumpimos y contestamos por ella, estamos siendo irrespetuosos al interrumpir y contestar.

EN SÍNTESIS

Si queremos que nuestros hijos crezcan respetándose a sí mismos y a los demás, debemos ser corteses, considerados y respetuosos con ellos. Debemos evitar el sarcasmo, la humillación y los gritos. Tenemos que reducir al mínimo el enojo e impaciencia, dejar de decirles mentiras y escucharlos más y hablar menos. Es necesario tratarlos, no como objetos que pueden controlarse y manipularse, sino como verdaderas personas que son. Hay que mandar menos y sugerir más. Debemos aprender a decir "por favor", "gracias", "con permiso", hasta cuando hablamos con los niños. Hay que recordar que los niños tienen sentimientos y que lo que decimos es tan importante cómo la manera en que lo decimos. No significa que como padres tengamos que ser santos ni que dejemos de exigir. Siempre y cuando entendamos que hay que tratarlos respetuosamente y tengamos claro cómo es una relación respetuosa, seguiremos progresando para nuestro beneficio y el de nuestros hijos.

La necesidad de sentirse importante

El sentirse importante incluye la necesidad del niño de sentirse valioso, capaz, con control y útil... y que pueda decir "soy alguien" desde muy temprana edad. Me acuerdo que vi a una niñita que, cuando su madre iba a oprimir el botón del elevador, se puso de puntitas y gritó —¡No, no! ¡Yo, yo! —En otra ocasión, cuando traté de ajustar el cinturón de seguridad de un niño, me dijo indignado: —¡Yo puedo solo!

Si los niños no se sienten importantes y útiles (este es ahora un serio problema entre los jóvenes), si no desarrollan su sentido de importancia constructivamente, pueden actuar negativamente para conseguir nuestra atención. Pueden convertirse en rebeldes, escandalosos, antagonistas, siempre tratando de ser quienes mandan y probando hasta dónde pueden llegar; se pueden unir a pandillas y grupitos, darse a las drogas, al sexo, a la delincuencia; o irse al otro extremo y volverse apáticos, retraídos, sin iniciativa ni ambiciones, o demasiado dependientes de los demás.

Uno de los mayores retos para los padres, familias y comunidades es encontrar las maneras de ayudar a los niños a sentirse importantes, valiosos, útiles y con identidad propia.

SOBREPROTECCIÓN

Los padres disminuyen la confianza que tienen los niños en sus aptitudes al limitarlos demasiado. Yo, por ejemplo, como padre fui exageradamente protector. Crecí en la Ciudad de Nueva York y, como mis padres trabajaban, tenía muchísima libertad. Subía y bajaba por las calles y a veces me sentía solo y asustado. Como resultado, muchos años después decidí inconscientemente que mi hijo jamás se iba a sentir así y me fui al otro extremo, me volví sobreprotector. Quería saber qué es lo que hacía, a dónde iba, con quién andaba en cada minuto del día. Definitivamente ni ayudé a mi hijo ni a mí mismo. Mi esposa fue igualmente protectora debido a sus propios temores y lo que logramos fue una verdadera rebelión en casa.

Los niños necesitan experimentar, probar cosas nuevas y es así como aprenden, maduran y llegan a sentirse capaces. Necesitamos alentarlos en vez de coartar su curiosidad, sus deseos de experimentar y tener aventuras. Decimos "no" con demasiada frecuencia y los niños necesitan más "sís" que "nos". Definitivamente hay que proteger a nuestros hijos de los peligros reales pero también debemos determinar si estamos exagerándolos o imaginándolos, y si nuestra protección es excesiva.

LA TOLERANCIA EXCESIVA

El lado opuesto de la sobreprotección es la tolerancia excesiva. Efectivamente, los niños necesitan más "sís" que "nos", pero se pueden meter en problemas si nunca o casi nunca se les dice "no". Debido a su inmadurez pueden tener expectativas irreales, creer que todo se permite y tomar riesgos inapropiados o peligrosos.

Al establecer los límites, hay que permitir que participen los niños y escucharlos con la mente abierta. Si los riesgos han sido exagerados, los padres deberán ceder. Por otro lado, algunas cosas no se pueden negociar, como el fumar, consumir drogas o bebidas alcohólicas. Aún así, si los niños fueron parte del proceso de decisión y se les tomó en cuenta, se sentirán importantes, pero si se les deja hacer lo que quieren, se sentirán abandonados.

EL HABLAR MUCHO Y ESCUCHAR POCO

Como padres, frecuentemente contribuimos a la sensación de impotencia de nuestros hijos cuando hablamos demasiado y escuchamos poco. Los aleccionamos, aconsejamos, les decimos cómo sentirse y pensar, los agobiamos con palabras cuando deberíamos escucharlos para realmente poder conocerlos. Al no escucharlos les estamos diciendo "no eres importante y por lo tanto no me interesa lo que tienes que decir", pero si les ponemos atención les estamos diciendo "me importas mucho tú y lo que dices".

Una de las cualidades más valiosas —y escasas— en las relaciones personales es poner absoluta atención a la persona con quien se está hablando y hacerla sentir el ser más importante en ese momento. Especialmente con los niños es importante escucharlos atentamente y para esto no se necesita mucho tiempo. Si tienen dos o tres minutos, dejen todo a un lado y denles toda su atención y actúen como si no hubiera nadie más importante en el mundo.

Cuando escuchamos a nuestros hijos, además de hacerlos sentir importantes, logramos que nos quieran escuchar y mejor nos llegamos a conocer. Nuestras relaciones se vuelven más positivas y constructivas.

LA TOMA DE DECISIONES Y LA SOLUCIÓN DE PROBLEMAS

Los padres que todo lo saben y todo lo pueden, que deciden y resuelven todo, no permiten que sus hijos aprendan a valorarse y a confiar en sí mismos. Al permitirles colaborar en las decisiones y soluciones de problemas y al escuchar sus opiniones y respuestas, los ayudamos a sentir que efectivamente son "alguien".

El buen juicio no llega de repente a ninguna edad ni por arte de magia. Para saber tomar bien las decisiones importantes, se necesita experiencia y empezar con decisiones sencillas.

Hay infinidad de oportunidades para que los niños de cualquier edad tomen decisiones. Pueden ayudar a resolver un problema familiar, planear el menú para una cena familiar, elegir las diversiones familiares, la ropa que ponerse en diferentes ocasiones, o encargarse de una mascota.

Además de ayudar a sus hijos a sentirse importantes, se sorprenderán agradablemente con lo que dicen. Un padre estaba discutiendo durante la cena las ganas que tenía de cambiar de trabajo porque ya no estaba a gusto. Cuando le pidió la opinión a su hija, la joven quiso saber la razón de su disgusto y preguntó: "¿y por qué crees que en otro lugar va a ser diferente?". La respuesta de su hija lo hizo pensar, realmente no había puesto todo de su parte para cambiar la situación, ni había aceptado sus fallas que contribuían a su insatisfacción. Gracias a su hija se dio cuenta que sus problemas muy bien lo podrían seguir a donde fuera.

RESPONSABILIDAD O AUTORIDAD

No les hagan todo a sus hijos. Divídanse los quehaceres, las tareas, las responsabilidades y la autoridad. Desde muy temprana edad asígnenles tareas personales y familiares cada vez más difíciles. Junto con las responsabilidades denles el reconocimiento adecuado —como autoridad y un puesto—. Por ejemplo, en una familia, una niña encargada de cuidar al perro fue nombrada Directora de la Crianza de Animales. Era la responsable de preparar y manejar el presupuesto y los gastos del animal. Tan pronto se aprobó el presupuesto, se le dio el control total.

Otra familia nombró a uno de sus hijos Director de Seguridad. El chico supervisó la preparación de una lista de medidas de seguridad y el programa de inspecciones que debían turnarse todos los miembros de la familia. Un niño que le debía de leer todas las noches a su hermano menor fue nombrado Tutor. Como Asistente del Chef, una niña puede aprender muchas cosas útiles para toda la vida mientras ayuda en la cocina a su mamá. Todos los niños pueden llegar a tener una gran responsabilidad con su título e ir variando de vez en cuando.

En una familia hay muchas oportunidades para que los chicos contribuyan y participen constantemente. Estas responsabilidades no sólo los hacen sentir más importantes y capaces, son también unas herramientas excelentes para mejorar la lectura, escritura, matemáticas, solución de problemas y capacidad para la investigación.

EN SÍNTESIS

Los padres necesitan evitar ser quienes tienen todo el poder, resuelven todos los problemas familiares, toman todas las decisiones, hacen todo el trabajo y controlan lo que pasa. Hagan que sus hijos participen pidiéndoles su opinión y dándoles cosas que hacer, compartiendo la toma de decisiones y la autoridad. Denles un puesto y reconocimiento. Sean pacientes con sus errores o cuando se tardan un poco más o no lo hacen tan bien como ustedes.

Los niños tienen que sentirse poderosos, importantes y útiles. Si les proporcionan a sus hijos maneras constructivas y significativas para sentirse importantes y los tratan como si lo fueran, no tendrán que fingir para convencerse a ellos mismos y a los otros de que efectivamente son "alguien".

La necesidad
de sentirse aceptado

Los niños tienen la necesidad de ser aceptados como individuos por su propio derecho y unicidad, no como simples reflejos de sus padres ni como objetos que se pueden moldear en lo que se cree es el niño ideal.

Los niños tienen el derecho a sus propios sentimientos, opiniones, deseos e ideas. Necesitamos reconocer que los sentimientos no son ni buenos ni malos, simplemente son. Aceptarlos no significa que nos gustan o que estamos de acuerdo, ni tienen que ver con que aceptemos o condonemos su conducta. Es más, confundir los deseos con la conducta es un problema de los padres. Al aceptar los sentimientos de los niños simplemente reconocemos que, como todas las personas, también tienen sentimientos que no se deben suprimir o temer, sino entender, discutir y trabajar con ellos si es necesario.

Cuando no damos importancia o menospreciamos los sentimientos de los niños, ellos pueden dudar o encerrarse en sí mismos. Si no escuchamos sus sentimientos, se pueden ir amargando y llenando de odio y luego comportarse inadecuada y destructivamente. También tendremos menos posibilidades de que vengan a nosotros para que los ayudemos con sus problemas.

LOS TEMORES Y LAS REACCIONES EXAGERADAS

En un taller para adolescentes, un chico de 18 años contó que, cuando les pidió permiso para quedarse a dormir con varios amigos en la playa de Santa Mónica después del baile de graduación de la escuela secundaria, sus padres le contestaron: "¡Estás loco! ¿Que no sabes cuántos asaltos hay en Los Angeles?". Su madre agregó: "¡Ni pensarlo!". Los dos padres se salieron del cuarto sin darle la oportunidad de decir nada.

Esta reacción alarmista fue obviamente el resultado del temor ante lo que creyeron que era un peligro, algo que preocupa a cualquier padre. El problema está en que reaccionaron como si les hubiesen presentado un hecho, no algo a lo que les estaban pidiendo permiso. Al reaccionar negativa y apresuradamente no tomaron en cuenta los sentimientos del chico ni cómo lo afectaron con lo qué dijeron y cómo se lo dijeron. Al decirle "¿Pero estás loco?". quedó implícito que hay algo malo en las personas que tienen tal deseo.

Los padres que aceptan que sus hijos tengan sus propios deseos y no se asustan ni exaltan por eso, hubieran respondido de otra manera, como por ejemplo, "Creo que puede ser divertido, pero tenemos nuestras dudas. La cantidad de crímenes que ahora hay haría que estuviésemos muy nerviosos. Hay que pensarlo y luego hablamos". Al aceptar el deseo del niño podemos evitar que se desarrollen sentimientos dañinos. Si tomamos en cuenta sus sentimientos, podemos discutir la situación con más posibilidades de llegar amistosamente a una solución u opción que nos tranquilice o que el niño acepte.

El miedo de los padres los hace a veces confundir la posibilidad con la probabilidad. Porque algo es posible,

frecuentemente actuamos como si efectivamente fuese a suceder.

La diferencia es importante. Si nos damos cuenta que
muchas cosas que tememos son muy poco probables, nos
preocuparíamos menos y podríamos decir "sí" más seguido.

En un taller para padres una madre contó que en Navidad
su hija había recibido una bicicleta. Al mes siguiente, mientras paseaban por un centro comercial, la niña vio otra
bicicleta más linda y exclamó: "¡Ay, cómo me gustaría tener
esa!". Esto enojó mucho a la madre y le dijo a su hija que era
"una niña ingrata y codiciosa" y quien sabe cuantas cosas
más. La niña sólo estaba expresando un deseo. Otra madre
contó que en una situación similar simplemente dijo: "Sí, me
imagino que debe ser lindo tener el último modelo, pero
¿sabes por qué no puedes tenerlo?", y su hija contestó: "Sí,
porque ya tengo una". Muy seguido reaccionamos exageradamente sin pensar y esperamos de nuestros hijos más de lo
que nosotros podemos hacer. ¿Cuántas veces nos hemos
arrepentido de haber comprado algo cuando encontramos
algo mejor unas semanas después?

Cuando la conducta de los padres es guiada por el temor,
las emociones o la irracionalidad, perdemos la oportunidad
de que las relaciones entre padre e hijos sean constructivas y
positivas.

LA SUPRESIÓN DE LOS SENTIMIENTOS

Muchas veces es contraproducente tratar de eliminar los
sentimientos de los hijos. Si un niño está preocupado porque
uno de sus amigos se enojó con él y el padre le dice: "No seas
estúpido, no vale la pena que pienses en él, tienes más amigos", hace que el niño se sienta ahora peor: primero, porque
su amigo sigue enojado y, segundo, porque su padre le dijo que
era un estúpido por sentirse mal. Las intenciones del padre

pueden ser buenas y no querer que su hijo sea infeliz, o puede que el padre se sienta frustrado porque su hijo es demasiado sensible ante lo que piensan los demás niños. El padre quiere arreglar las cosas, que todo esté bien y que no sufra su hijo, o ¿no es acaso ese el papel de un padre?

A veces el mensaje de los padres falla y no tranquiliza ni ilumina. Puede que comunique la idea de que no está bien preocuparse cuando algo malo sucede. Este mensaje además de molestar al niño y obstaculizar la conversación, niega la oportunidad al niño de explorar sus sentimientos y aprender a manejarlos constructivamente.

Los padres que entienden que los sentimientos ni son buenos ni malos y que los hijos tienen derecho a tenerlos, no tratarán de evitárselos. Si un padre responde: "Me imagino que te debe doler mucho", o relata una historia de cuando tuvo esos sentimientos siendo chico, está diciendo que está bien sentirse así. La angustia del niño puede durar muy poco aunque el padre no hubiera dicho nada.

Los padres no siempre tienen que intervenir cuando los hijos se sienten lastimados. Con estar con ellos puede ser confortante. Si los sentimientos persisten y afectan su vida negativamente, los padres pueden ayudar a sus hijos a explorarlos y encontrar diferentes maneras de manejarlos. Es mucho mejor que avergonzarlos o forzarlos a enterrarlos porque después surgen en forma negativa.

LOS PADRES CRITICONES

La crítica excesiva y constante es otra barrera para satisfacer la necesidad de ser aceptado. Cuando esto sucede, los niños pueden tener una imagen devaluada de sí mismos, ignorar las críticas, o sentirse derrotados. "Para qué trato, si nunca los hago felices", puede ser la actitud del chico. Cuando a un niño de primaria le preguntaron por qué se

portaba mal, contestó: "si te portas bien, la maestra no se da
cuenta, si te portas mal, pasa horas contigo".

Aprendan a dejar pasar por alto muchas cosas. El dicho
"no te ahogues en un vaso de agua" es muy cierto, no hay que
reaccionar a todo.

EL REFUERZO POSITIVO

Debemos enfatizar lo positivo, alabar al niño y buscar
cosas que elogiar. Kenneth Blachard y Spencer Johnson en su
bestseller sobre administración, *The One Minute Manager,*
dicen que es importantísimo "encontrar a la gente en el
momento que hace algo bien y decírselos". Somos muy buenos para atrapar a la gente, especialmente a los niños, cuando
están haciendo algo mal. Hay que cambiar el enfoque para
enfatizar ahora lo bueno. Los niños necesitan especialmente
más reconocimiento que amonestaciones. Si buscamos las
oportunidades para elogiarlos, las encontraremos y entre más
elogiemos, más se multiplicarán las ocasiones. Si es necesario
criticar, que sea a la conducta, no a la persona. Aprendan a
rechazar con amor y sin enojo, por ejemplo, "seguro que te
gustaría pasar la noche en la playa con tus amigos y me duele
desilusionarte al no dejarte, pero me quedaría yo demasiado
nerviosa" en vez de un "¡estás loco!".

EN SÍNTESIS

Aceptar a los niños significa escucharlos, tratar de en-
tenderlos y reconocer su derecho a tener su punto de vista, sus
sentimientos, deseos, opiniones e ideas propias. Si actúan de
tal manera que parece que dicen que no tienen derecho a
sentir o pensar algo, simplemente les hacen sentir que hay
algo malo en ellos y reducirán las posibilidades de ser escuchados e influenciarlos positivamente. El aceptar no significa ser condescendiente ni dar permiso para hacer lo que

quieran, por el contrario, reduce la conducta inapropiada y disminuye las probabilidades de conflictos y luchas de poder.

Acepten a sus hijos como personas en su propio derecho y actúen en consecuencia. Reconozcan sus logros, no se ahoguen en un vaso de agua, enfaticen lo positivo y, cuando deban decir no, háganlo con amor. No dejen que los temores exagerados gobiernen la relación con sus niños. Recuerden, no porque algo puede suceder, va a suceder.

La necesidad de sentirse incluido

Los niños necesitan ser incluidos, participar y saber que cuentan. Con demasiada frecuencia son excluidos o rechazados. Constantemente escuchan "ahorita no, espérate a que crezcas" o "eres muy chiquito, esto no es para ti" y, cuando esto sucede, se sienten como si fueran extraños y no miembros de la familia.

Las personas que hacen cosas juntas se sienten unidas. Las actividades familiares son oportunidades para divertirse, aprender, ayudarse y mantenerse unidos. A un niño que se identifica totalmente con su familia le es más fácil resistir las influencias negativas externas y está más dispuesto a seguir los modelos positivos que hay en su familia.

Es obvio que no se les puede incluir en todo, pero debemos esforzarnos honestamente para incluirlos en todas las actividades posibles y cuando no se pueda, en algo que les guste y de preferencia dándoles una explicación.

ACTIVIDADES

La niñez es un periodo de curiosidad y experimentación. Las actividades familiares pueden aprovecharse para que los niños traten cosas nuevas, amplíen sus intereses y fortalezcan sus relaciones con los otros miembros de la familia. En el Anexo A, encontrarán una lista de más de 150 actividades familiares en las que todos los miembros de la familia podrán participar y disfrutar.

EL TRABAJO PROFESIONAL

Incluir a los niños en el trabajo profesional de los padres tiene muchos beneficios. Descríbanles el lugar adonde trabajan, lo que hacen, con quién colaboran y cómo se sienten en el trabajo y con sus compañeros. Incluyan todo lo que pueda ayudarlos a entender mejor esa parte de sus vidas. Si es posible, llévenlos de visita, que conozcan su oficina y a sus colegas. Anímenlos a que hagan preguntas y averigüen que piensan de la visita, qué les llamó la atención, qué aprendieron. Si trabajan en casa o tienen su propio negocio, preséntenlos con los clientes y empleados y, si es posible, permítanles que trabajen un poco.

El hecho de conocer un aspecto tan importante y diferente de la vida de ustedes, hará que los niños se sientan más conectados con ustedes y cuando los niños los escuchen hablar sobre lo que sucedió en la oficina, estarán más interesados y aprenderán a enfrentar los retos y situaciones como ustedes lo hacen.

LA TOMA DE DECISIONES

El bienestar de la familia, como el de todas las comunidades, depende de la calidad de sus decisiones, de la cooperación de sus miembros, de la sensación de pertenencia y sentimientos positivos entre los miembros. Los adultos y los niños aprenden, crecen y participan mejor en un ambiente donde hay control y en el que lo que dicen y hacen se toma en cuenta. En una familia los padres son los líderes y si dejan que los niños participen en la toma de decisiones, ellos se sentirán más responsables de que éstas se lleven a cabo y funcionen.

Siempre que sea posible debemos pedirle la opinión a nuestros hijos, permitirles elegir y explicarles las decisiones de acuerdo a su edad y madurez. De esta manera aprenderán a tener confianza y crecerán sabiendo cómo tomar decisiones. Las oportunidades para participar son infinitas y se presentan a diario.

LAS CONVERSACIONES FAMILIARES

Con frecuencia, a los niños se les excluye de las conversaciones porque el tema es para adultos. Aunque a veces esto es cierto, muchas veces los excluimos sin razón y subestimamos su capacidad. Necesitamos hacer que participen más cuando hablamos de los sucesos y sentimientos de la familia. Esto significa que habrá que protegerlos menos de las preocupaciones y problemas familiares. En muchas ocasiones menospreciamos la capacidad de los niños de poder manejar ciertas situaciones.

REUNIONES DE RETROALIMENTACIÓN

Se empieza a reconocer la necesidad que tienen los niños de discutir sus preocupaciones, sentimientos y problemas en un ambiente de apoyo y sin prejuicios. Al permitírselo, tienen una oportunidad de aprender a usar la crítica constructiva, no sólo para beneficiarse cuando la reciben, sino también para saber cómo hacerla para ser escuchados. Sus esfuerzos en mejorar la comunicación y la comprensión familiar pueden ser muy beneficiosos.

Algunas familias han comenzado a tener reuniones periódicas de crítica constructiva en las que todos discuten lo que les está pasando. En una de estas reuniones, Sara, una madre divorciada y que trabaja, se reunió con sus tres hijos, Ana de

12 años, Beto de 11 y Toño de 7. Comenzó la reunión diciendo que se sentía culpable por no pasar suficiente tiempo con sus hijos. Beto estuvo totalmente de acuerdo. Ana le dijo a su hermano que dejara de quejarse y mejor ayudara más a la mamá. Toño se quedó callado. Sara hizo una lista de sus actividades fuera de casa: el trabajo, la iglesia y algunas pocas reuniones sociales. Roberto le dijo que se le olvidaba una categoría importante. "¿Cuál?" preguntó Sara. "La de misceláneos. ¡Te la pasas miscelaneando hasta morir!". Después de discutir un poco, todos estuvieron de acuerdo. Como le costaba trabajo negarse, Sara aceptaba trabajar en varios comités de la iglesia, grupos políticos y sociales. Sara evaluó sus prioridades y cambió su estilo de vida gracias a esta reunión.

En una escuela primaria en la que había juntas de retroalimentación semanales para los niños de segundo grado, una maestra pidió a los niños que le dijeran si hizo algo que les gustó o disgustó durante la semana. Uno de los niños dijo que se había enojado cuando una niña había llorado.

—¿Por qué? —preguntó la maestra.

—Porque no me gusta que la gente llore. Sólo las niñas y los bebés lloran y usted debió de callarla.

—¿Alguno de ustedes a veces siente ganas de llorar? —preguntó la maestra.

—A veces, cuando mis papás me regañan —contestó otro chiquito.

—¿Y lloras entonces? —le preguntó la maestra.

—¡Oh no, sólo las niñas y los bebés lloran! —dijo el niño.

En ese momento otro niño levantó la mano y agregó: "Yo creo que las niñas lloran por fuera y los niños por dentro". ¡Vaya sabiduría para esa edad!

En estas sesiones se puede crear un ambiente que ayude a los niños a compartir sus preocupaciones, dudas, el miedo a crecer o a la escuela, la salud, el sexo y otras cosas que normalmente los avergüenza y no se animan a discutir con los padres y, a los padres, a compartir los problemas familiares. Con estas sesiones, además de aprender a valorar realísticamente a sus padres como personas, los niños se sentirán incluidos y que son una parte importante de la familia.

EN SÍNTESIS

Los niños necesitan ser incluidos para sentirse "parte" de las cosas. Conscientemente háganlos participar en todas las decisiones, discusiones y actividades posibles y adecuadas a su madurez y a la situación familiar. No lo dejen al azar, hagan un plan con la ayuda de sus hijos. Seleccionen algunas actividades valiosas e interesantes para todos y en las que puedan participar todo el grupo o dos o más personas.

La necesidad de sentirse seguros

Seguridad significa proporcionarle a los niños un ambiente cariñoso, seguro, consistente y estable para que se sientan protegidos y amados y en el que las personas actúen y busquen sinceramente su mayor bienestar.

El arte de criar y educar a los niños implica mantener un equilibrio entre control y libertad. Los niños para sentirse seguros y protegidos necesitan tener límites. Cuando no los tienen, se angustian, quedan expuestos a los peligros e inermes ante sus impulsos e inexperiencia. Por el contrario, cuando hay demasiados límites y rigidez, la disciplina es inconsistente o el castigo excesivo, los niños se confunden y rebelan y no aceptan la seguridad que da la autodisciplina.

Los niños necesitan sobre todo un ambiente positivo, de concordia, en dónde las personas se lleven bien, se protejan uno al otro y estén mostrando constantemente su amor y cariño con palabras y acciones.

LAS RELACIONES ENTRE LOS PADRES

Al final de un seminario para padres en el que discutimos las cinco necesidades vitales de los niños, una madre exclamó: "¡Esto sí que es una revelación, mi esposo y yo tenemos las mismas necesidades!". La conclusión del grupo fue que si las parejas se trataran entre sí atendiendo a estas necesidades, habría menos divorcios y más matrimonios e hijos felices y seguros.

Los padres son el principal modelo para los hijos. Si pelean mucho y se tratan irrespetuosamente, o si casi nunca muestran afecto, los hijos se sentirán inseguros y angustiados, como dijo una persona: "Yo veía que mis papás peleaban y discutían. Eso no me afectaba tanto, lo inquietante era que jamás los veía hacer las paces". Algunos niños sienten que la negatividad que los padres tienen entre sí refleja lo que sienten hacia ellos o que de alguna manera son la causa de los pleitos. Una de las cosas más importantes que los padres pueden hacer para que sus hijos se sientan seguros es actuar de tal manera que entre ellos se hagan sentir respetados, importantes, aceptados, incluidos y seguros.

EL AMBIENTE CARIÑOSO Y GENEROSO

En un ambiente cariñoso los miembros de una familia muestran el afecto que se tienen. Los hijos desarrollan una sensación de seguridad cuando ven que sus padres se aman y ellos sienten que son amados por sus padres.

Los principios y los fines son muy importantes. El inicio y el fin del día, de la semana, del mes y del año son oportunidades constantes para demostrar el afecto. Un padre nos comentó que su madre siempre lo despertó con un abrazo y un beso, mientras que otro se lamentó de despertar a sus propios hijos gritándoles: "¡Ya levántense! ¡Si no se apuran, van a perder el autobús! ¡Hagan su cama antes de bajar a desayunar o no les doy dinero para el recreo!". El mostrar afecto —abrazos, besos, sonrisas, palabras cariñosas— al principio y fin del día y después de no haberse visto un tiempo, contribuye a un ambiente familiar positivo y cálido, especialmente cuando no está lleno de instrucciones, regaños y quejas. También es muy bueno que expresen sus sentimientos cada vez que se sientan afectuosos.

LAS TRADICIONES Y LOS RITUALES

Los rituales y las tradiciones le dan a los hijos la sensación de estabilidad y seguridad. Además de las fiestas tradicionales y los cumpleaños, deberíamos establecer otros junto con los niños. Por ejemplo, podríamos programar cenas semanales o mensuales para compartir algo de lo que está uno agradecido o una cena en la que se habla de un tema en especial, como eventos actuales, deportes, algo educativo, etc.

LA DISCIPLINA

Ser responsable de las propias acciones

Los padres necesitan discutir con sus hijos por qué ciertas conductas son inadecuadas o irresponsables y acarrean consecuencias indeseables. Por ejemplo, un padre, al descubrir que su hijo se había robado un juguete de la tienda, no lo regañó, simplemente le dijo: "en nuestra familia no tomamos las cosas sin permiso ni robamos cosas de los demás", luego acompañó al niño avergonzado a regresar el juguete y a disculparse. El gerente de la tienda aceptó las disculpas y le dijo que para la próxima vez llamaría a la policía.

Límites excesivos

Cuando los niños no entienden la razón de los límites, o son excesivos e inflexibles, o fueron impuestos sin que hayan podido decir una palabra, no sólo crean problemas porque es difícil cumplirlos sino también causan inseguridad en los padres e hijos. Los siguientes son ejemplos de reglas difíciles de seguir para chicos de 14 años.

- Irse a dormir a más tardar a las 9 p.m.

- No gastarse el dinero en golosinas.

- No ver televisión durante la semana.

- No hablar por teléfono excepto durante el fin de semana.

El castigo excesivo o inapropiado

Este tipo de castigo es difícil de cumplir y frecuentemente no sirve de nada porque los niños sienten que es injusto y, al protestar el abuso o al rebelarse, se crea tensión entre padres e hijos. Los siguientes son ejemplos de lo que pasa cuando los padres están enojados.

- No hizo la tarea un día - castigado dos fines de semana sin salir.

- Habló por teléfono cuando no debía - no puede usar el teléfono por tres semanas.

- Perdió una prenda de vestir - no puede ver televisión durante 10 días.

El castigo inconsistente

Siempre que amenazamos y no cumplimos, confundimos a nuestros hijos o hacemos que dejen de creernos. Una vez unos amigos nos vinieron a visitar a nuestro departamento y le pidieron a su hijo que saliera de la alberca porque ya se iban. A los 15 minutos el padre gritó: "Si al contar a diez no te has salido, me voy sin ti!". Al llegar a diez, volvió a contar otras dos veces más, cada vez repitiendo que era su última oportunidad y agregaba otra amenaza.

Cuando un padre es permisivo y el otro estricto, el niño queda confundido. Cuando los padres discuten enfrente del niño y no se ponen de acuerdo, la seguridad del niño se ve amenazada. Un niño se siente más seguro cuando los padres hacen lo que dicen, cuando es cierto lo que dicen, se ven unidos y saben lo que hacen.

El castigo físico

Se tiene que evitar. Sólo trata a los síntomas y frecuentemente dilata o hasta evita las soluciones ya que puede enseñar la lección equivocada. Cuando le pegamos a nuestros hijos, la lección que aprenden puede ser que está bien usar la fuerza si se es el más grande y fuerte. Las reacciones a la fuerza a veces son lentas en aparecer pero muy intensas. Un niño no puede hacer nada inmediatamente cuando el director de su escuela le da un reglazo, pero puede regresar el fin de semana y causar desastres. Cuando un padre nalguea a su hijo, el niño se puede vengar con sus hermanitos o compañeros de escuela.

No hay seguridad si no se aprende de la situación, la manera puede confundir el mensaje; la fuerza física puede evitar que el niño aprenda. Lo ideal sería que el castigo se estableciera con la participación del niño, que fuera apropiado a la situación, administrado firmemente pero con amor y que le enseñara algo al niño. El fin del castigo es educar, no lastimar.

La autodisciplina

La autodisciplina se debe motivar y desarrollar. Para que aprendan a anticipar las consecuencias negativas de sus acciones y sepan cómo controlarse para evitarlas, se les debe permitir a los niños explorar y experimentar. Cuando se les controla demasiado, se les evita esta oportunidad de aprendizaje.

EN SÍNTESIS

Debemos darnos cuenta que nuestros hijos necesitan tanto la libertad como el control. Si los aplastamos o asfixiamos, pueden volverse miedosos, retraídos, frustrados y rebeldes. Una de nuestras metas es protegerlos para que no sufran debido a su inexperiencia y otra es lograr que tengan confianza, seguridad y control de sí mismos.

Cuando crecen en un ambiente positivo y cariñoso, los niños desarrollan una sensación de seguridad. Es fundamental que vean que sus padres se aman y respetan.

Los niños también necesitan que la disciplina y los límites sean adecuados, razonables y consistentes. Se deben cumplir los castigos por exceder o ignorar estos límites, pero no deben ser tan severos que lastimen a los padres. Las relaciones conflictivas o las luchas de poder dejan a los padres e hijos frustrados e inseguros. Para aumentar las posibilidades de éxito, hagan que los niños participen cuando se establecen las reglas y las consecuencias de las violaciones.

Cuando los padres actúan entre ellos y con sus hijos de tal manera que satisfacen las cinco necesidades vitales de los niños, la necesidad de disciplinarlos es mucho menor y la autodisciplina se fortalece y aumenta.

¿Y qué pasa con el amor?

Tal vez se están preguntando ¿y qué pasa con el amor? ¿Por qué no hemos hablado del amor como una de las necesidades vitales de los niños? Omití el amor, no porque no sea importante, al contrario, es sumamente importante, pero porque la palabra "amor" se ha convertido en algo tan ambiguo que ha perdido algo de su fuerza y significado.

Cuando se dice "te amo" muchas veces se dice a la ligera o sin sentirlo y se ha vuelto algo confuso. En una entrevista, una mujer joven hablaba sobre su relación con su madre con quien no se llevaba bien. La madre le dijo a la hija: "Tú sabes que te amamos, querida. ¿No es verdad que siempre te lo estuvimos diciendo?", a lo que la hija contestó enojada: "Amarme, ¿qué sabes tú de amor? Me decías que me amabas pero nunca me lo demostraste".

Hay padres que descuidan o maltratan a sus hijos y les dicen "te amo" o "te quiero mucho", pensando que con eso compensan su conducta. Con frecuencia se confunde el decir "te amo" con el amor mismo. Si decir "te amo" fuera suficiente, no habría tantos divorcios. Los matrimonios no se destruyen porque los esposos dejan de decirse "te amo", sino porque dejan de tratarse amorosamente y, claro, cada vez les cuesta más creer que las palabras "te amo" son ciertas.

La mayoría de los padres aman a sus hijos, eso es un hecho; sin embargo no podemos asegurar que son amorosos. Una madre mencionó que un experto en la educación y crianza de los niños le dijo que sus hijos iban a salir bien si los amaba sinceramente y verdaderamente.

El amor, la veracidad y sinceridad son efectivamente importantes pero no todo lo que brilla es oro. Me acuerdo de un padre que constantemente humillaba y regañaba a su hijo llamándolo gordo, flojo, estúpido y no sé que más. El hijo, aunque ahora es un adulto, sigue sufriendo las consecuencias de esa relación a pesar de que el padre efectivamente amaba a su hijo y era verdadero y sincero con sus sentimientos.

Así que mi respuesta para ¿qué hay del amor? es que amar a sus hijos es fundamental, y decir "te amo" es importante, pero no suficiente, a menos que actúen amorosamente. Por eso cuando pienso en amar creo que es un verbo, pero el ser amorosos es relacionarnos con los niños de tal forma que fomentemos su bienestar. Ser emocionalmente saludables significa comportarse de tal manera que nuestros hijos se sientan respetados, importantes, aceptados, incluidos y seguros . . . y es la mejor manera de decir "te amo".

Consideraciones finales

Es muy común que los adultos se comporten como en los ejemplos citados. Los padres tienen que estar conscientes de esto si quieren hacer algo para satisfacer las necesidades emocionales de sus hijos.

Al comprender estas cinco necesidades vitales, los padres tienen una base para actuar tomando en cuenta el futuro y las consecuencias de los actos. Esta es una técnica que sirve para educar a los niños de todas las edades y en cualquier segmento de la sociedad, sin importar las diferencias. Proporciona a los padres una guía estructurada y sólida para relacionarse con sus hijos, así como las herramientas necesarias para evaluar los logros.

Lo más importante, disfruten a sus hijos y diviértanse con ellos. Gocen la experiencia de ser padres. Si a veces no actúan como deben, si fallan o se desesperan, si cometen errores o hacen algo de lo que se arrepienten, no se desmoralicen. ¡Tranquilos, son humanos, no se trata de ser perfectos!

No olviden que el ser unos padres felices y tranquilos es uno de los mejores obsequios que podemos dar a nuestros hijos. Sean buenos y amables consigo mismos y entre ustedes. Dense tiempo para sentirse renovados y de buen humor. Aprecien y disfruten las maravillas de esta gran aventura . . . ¡la de ser padres!

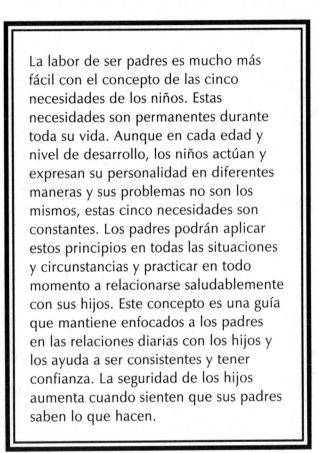

La labor de ser padres es mucho más fácil con el concepto de las cinco necesidades de los niños. Estas necesidades son permanentes durante toda su vida. Aunque en cada edad y nivel de desarrollo, los niños actúan y expresan su personalidad en diferentes maneras y sus problemas no son los mismos, estas cinco necesidades son constantes. Los padres podrán aplicar estos principios en todas las situaciones y circunstancias y practicar en todo momento a relacionarse saludablemente con sus hijos. Este concepto es una guía que mantiene enfocados a los padres en las relaciones diarias con los hijos y los ayuda a ser consistentes y tener confianza. La seguridad de los hijos aumenta cuando sienten que sus padres saben lo que hacen.

Situaciones familiares

(La diferencia entre la conducta que ayuda y la que hiere)

Situaciones familiares

En nuestro trato con los niños, la manera en que lo hacemos es tan importante cómo lo que hacemos; por ejemplo, cuando le cambiamos el pañal al bebé le estamos transmitiendo nuestro cariño y lo mucho que nos importa. Un niño puede sentirse importante si le damos mayores responsabilidades, pero si se las damos a cuentagotas y sin la suficiente libertad para actuar, estamos limitando su proceso de aprendizaje y lo hacemos sentir incapaz. Cuando los padres no tienen un sistema claro para criar a sus hijos, su conducta suele ser inconsistente, y el comportamiento y las reacciones entre padre e hijos se basa más en las emociones que en la razón.

En el capítulo 1 se presentaron varios ejemplos de conducta imprevista e inconsistente que evita satisfacer las necesidades emocionales de padres e hijos. En este capítulo analizaremos cómo esta conducta afecta la vida diaria. Los siguientes ejemplos son situaciones reales recopiladas en conversaciones, entrevistas, seminarios y experiencias personales.

Veremos cómo pudo haberse manejado cada situación satisfactoriamente teniendo en cuenta las cinco necesidades críticas de los niños.

SITUACIÓN 1: RESPETO Y ACEPTACIÓN
(¿Comprar o no comprar?
El dilema de Shakespeare)

Una estudiante del décimo grado descubrió una edición lujosa de las obras de Shakespeare en la librería cuando acompañaba a su papá de compras: —Papá, me puedes comprar este libro? —El padre molesto le contestó: —¿Estás loca? ¿Para qué lo quieres? ¡Te pasas la vida planchada frente a la televisión, seguro que ni lo abrirás! —La joven obviamente lastimada replicó: —¡Pero si voy bien en la escuela!

Conducta que hiere

Cuando se rechaza una petición de manera despectiva implica que hay algo malo en el hecho de expresar los deseos. La niña mostraba interés en algo educativo y, aunque hubiese sido un deseo imposible, superficial o simplemente un capricho, el padre cortó la comunicación al descartar su interés a la ligera. Con la reacción del padre, además de quedar lastimada, no aprendió nada o casi nada.

Conducta que ayuda

Las siguientes son unas respuestas posibles, respetuosas y constructivas:

—Está bellísimo el libro y Shakespeare es un escritor maravilloso, pero está muy caro. Saquemos una o dos obras de la biblioteca; léelas y si te gustan, entonces ya te compro algo para que comiences tu biblioteca, ¿qué te parece?

—¿Qué te parece si primero sacamos su biografía y una de sus obras de la biblioteca? Los dos las leemos y discutimos, y luego ya veremos. Pídele a tu maestra que te recomiende cuál te conviene leer primero.

Comentarios

- Cada interacción es una oportunidad para vincularse o desvincularse con nuestros hijos.

- Esta fue una oportunidad desaprovechada para vincularse por medio de los temas de educación, dinero y toma de decisiones.

- Cuando los hijos nos comunican sus deseos, a veces respondemos como si el tenerlos fuese reprobable.

- Hay que aceptar el derecho que tienen los niños a tener deseos no realistas aunque no se los vayamos a cumplir.

- Al negarles lo que nos piden, debemos hacerlo cariñosa y respetuosamente.

- El sarcasmo y la negatividad comunican el mensaje equivocado.

SITUACIÓN 2: ACEPTACIÓN Y RESPETO
(Los amantes de la música)

El siguiente relato es el de una adolescente que tuvo problemas con su padre:

—Cuando era yo chica, en los años sesenta, mis papás odiaban la música que me gustaba. Siempre tenía que apagar o bajar el volumen. Mi papá impuso una regla: por cada hora de rock, tenía que escuchar una de música clásica. Total que terminé odiándola.

Conducta que hiere

La animadversión de los padres al rock creó una relación conflictiva. Al obligar a su hija a escuchar música clásica, en vez de conseguir que la apreciara, hicieron que la detestara.

Conducta que ayuda

Para mantener unas relaciones positivas, el padre pudo haber expresado respetuosamente sus sentimientos acerca de la música, pero su actitud de "porque lo digo yo" no ayudó. En cuanto a la música clásica, hubiera sido mejor y más eficaz que hubiese comunicado su pasión de tal forma que contagiara a su hija su entusiasmo y todos los sentimientos buenos que la música clásica le provocaba a él. Con suerte, el interés y gusto de la joven crecería con el tiempo.

Otra opción hubiera sido invitarla a ir juntos a una grabación o a un concierto, o escoger cada uno por turnos el evento al que irían. También pudo haberse documentado para poder hablar con su hija sobre la relación entre la música clásica y el rock y de esta manera ambos hubieran aprendido más.

Comentarios

- Esta fue una oportunidad del padre para vincularse con su hija a través de la música.

- No hay posibilidad de unión cuando una parte se cree perfecta, es inflexible o irrespetuosa ante los gustos de los demás.

- De haber tenido la mente abierta ambos habrían aprendido o al menos tolerado.

- Al no aceptar el derecho de la hija a tener sus propios gustos, no le permitió ampliar sus horizontes.

- Cuando se estimulan los intereses creativamente, los resultados son mejores que cuando se obligan a aceptase.

SITUACIÓN 3: INCLUSIÓN, RESPETO, SEGURIDAD
(Los secretos de los padres)

El siguiente ejemplo relata los sentimientos de un niño al ser rechazado:

—Una noche escuché que mis papás estaban discutiendo a gritos en su cuarto. Al día siguiente le pregunté a mi mamá por qué peleaban y me dijo "lo que pasa entre tu papá y yo no es tu asunto". Sentí horrible y me lastimó mucho.

Conducta que hiere

Los esfuerzos de la madre para proteger su privacidad fue innecesaria y dañina. Probablemente seguía enojada por el pleito y la tomó contra el chico, o se sentía culpable y temerosa de que se enterara de sus problemas conyugales. La madre aplastó la curiosidad de su hijo sin enterarse qué es lo que le preocupaba a su hijo.

Conducta que ayuda

Después de averiguar por qué preguntaba, le pudo contestar cortésmente y con calma que no era nada de lo que tuviera que preocuparse, o que era algo que prefería no discutir en ese momento, o pudo explicarle lo que pasó en forma general o parcial.

Comentarios

- Podemos beneficiarnos si examinamos nuestros temores, ansiedades y tabúes que obstruyen nuestro éxito con nuestros hijos. Este examen nos puede ayudar a incluirlos más y a manejar nuestra privacidad efectivamente.

- Los padres tienen derecho a la privacidad pero, cuando la exigen con desdén, pueden perjudicar a los niños.

- Los padres necesitan aceptar el derecho de los niños a ser curiosos y a preocuparse por lo que pasa con sus padres.

- Cuando se comparte más con los niños, incluyendo las preocupaciones y problemas, se reduce su ansiedad y aumentan sus sentimientos de pertenencia y seguridad.

- Las probabilidades de que los niños escuchen y compartan son mayores cuando uno hace lo mismo.

SITUACIÓN 4: RESPETO E IMPORTANCIA
(Mi cuarto es mi castillo)

Un joven relató cómo sus padres lo hicieron sentirse importante:

—Mis padres me dijeron que mi recámara era mía y así se comportaban. Me pedían permiso para entrar y nunca revisaban mis cosas sin antes consultarlo. Yo era responsable de decorarla como quisiera. Sentí que realmente era mi mundo y que al respetarlo también me respetaban.

Conducta que hiere

La situación anterior no es lo común. En muchos casos los padres se pasan regañando —infructuosamente— a sus hijos púberes y adolescentes para que la limpien. Normalmente no especifican cuáles son sus expectativas ni las consecuencias de no cumplirlas, y cuando lo hacen, las cambian a cada rato y terminan por convertirse en amenazas inútiles. Lo que sí es seguro es que la situación sigue sin resolverse, los padres se frustran y los hijos se enojan por la constante cantinela.

Conducta que ayuda

En la situación anterior los padres aparentemente reconocieron el valor de respetar la privacidad y de responsabilizar a su hijo de las condiciones en que vivía. Confiaron en su responsabilidad y probablemente sabían que se beneficiaría con ella. Es obvio que contribuyeron a que se respetara a sí mismo y se sintiera importante.

Comentarios

- Al darle a los chicos cada vez mayores responsabilidades hasta a dónde son capaces de cumplirlas, los ayuda a ser más responsables.

- Demasiado control limita las oportunidades para que aprendan a controlarse a sí mismos.

- Soltar el control es difícil para los padres y tienen que aprender a controlar su ansiedad.

- Los padres deben evaluar los riesgos e introducir medidas protectoras como inspeccionar la habitación de los hijos cuando sea necesario.

- Los padres deben esforzarse para que sus hijos tengan oportunidades para desarrollar la confianza en sí mismos.

SITUACIÓN 5: RESPETO Y SEGURIDAD
(Supongo que los abuelos saben más)

Un sábado, Elena y su hijo de ocho años Rogelio fueron a visitar a Marcia y a Jorge, los abuelos de Rogelio. El niño estaba en el piso hojeando una revistas cuando Marcia le grita enojada e impacientemente:

—¡Rogelio, deja esa revista e inmediatamente recoge tus juguetes! —Rogelio sin decir nada siguió leyendo su revista. Marcia se levantó y le arrebató la revista, y tirándolo del cuello lo llevó hasta donde estaban los juguetes.

—¡Ahora los levantas! ¡Cuando te digo que hagas algo, lo haces inmediatamente! —Luego dirigiéndose a Elena le pregunta: —¿Por qué no le dices nada? ¡Cómo puedes dejar que sea tan irrespetuoso! ¿No lo vas a disciplinar?

—No creo que debiste haberle gritado. ¿Por qué no se lo pides de buena manera? —contestó Elena.

—Espérate a que crezca y entonces trata de disciplinarlo, ¡te va a mandar al diablo! —gritó Jorge desde la sala.

Según Elena, Rogelio generalmente se porta bien.

Conducta que hiere

¿Cuál era el objetivo de Marcia? ¿Fue acaso disciplinar a Rogelio o enseñarle buenos hábitos o a respetar a sus mayores? Esperar que Rogelio obedeciera automática e instantáneamente algo que se le pidió con malos modos, ni fue realista ni eficaz y, para colmo, gritarle y usar la fuerza fue innecesario y contraproducente. La hostilidad de Marcia y Jorge hacia Elena enfrente del niño envenenó el ambiente y creó una relación conflictiva. Las reacciones de la abuela sólo pudieron afectar negativamente al nieto: o se sintió culpable por haber causado el problema o enojado por la manera en que los abuelos lo trataron a él y a su mamá.

Conducta que ayuda

Si la meta es que Rogelio aprenda a ser más responsable y que guarde sus juguetes sin necesidad de pedírselo, entonces sugerimos lo siguiente:

—Rogelio, ¿me harías un favor? Deja tu revista por un ratito y guarda tus juguetes. Me preocupa que alguien se pueda tropezar con ellos.

—Rogelio, si guardas tus cosas después de usarlas, me vas a ayudar mucho y te lo voy a agradecer, así no tengo que hacerlo yo.

Comentarios

- Para fomentar la conducta respetuosa y cortés de los niños hay que tratarlos de la misma manera.

- Los niños quieren agradar a los padres. Un acercamiento consistente, respetuoso y positivo refuerza ese deseo.

- Cuando los adultos de una familia pelean en frente de los hijos y se tratan irrespetuosamente, los niños sienten amenazada su seguridad.

SITUACIÓN 6: SEGURIDAD, INCLUSIÓN, ACEPTACIÓN
(El divorcio de los padres)

Un joven de 16 años describió sus sentimientos sobre el divorcio de sus padres:

—Conforme las relaciones entre mis padres se deterioraban, yo me sentía totalmente rechazado. Quedé devastado cuando mi papá se fue de la casa después de 17 años de matrimonio. Fue entonces cuando empecé a probar las drogas. Me daba una rabia y dolor increíble que no pudiésemos seguir unidos como otras familias y que nos dejaba totalmente fregados mientras él se iba a comenzar una vida nueva.

Conducta que hiere

Frecuentemente, cuando los padres se divorcian no se dan cuenta o no le dan suficiente importancia a los efectos negativos que causan en sus hijos. Los niños se sienten rechazados y hasta con algo de culpa. Su animadversión los traumatiza más y es común que, por sentirse enojados, culpables, incapaces o confundidos, eviten la comunicación con los hijos.

Conducta que ayuda

Lo ideal es que ambos padres hagan y sigan un plan que incluya los siguientes puntos:

1. Juntos y por separado hablar con los niños para asegurarles que siguen siendo amados y que no tienen la culpa del divorcio.

2. Para disminuir el miedo a lo desconocido, explicarles detalladamente qué va a cambiar y cómo los va a afectar.

3. Tratar de no agobiar a los chicos con demasiadas cosas a la vez. Una reunión con un consejero familiar es muy útil.

Comentarios

• El daño que el divorcio causa a la sensación de seguridad del niño puede ser muy grave y duradero. Los padres pueden reducir los efectos adversos del divorcio si los incluyen en las conversaciones, antes, durante y después del proceso y, si por el bien de los chicos, dejan a un lado la animadversión.

• Los padres no deben sorprenderse si el niño está enojado o se niega a hablar. Deben aceptar su enojo y hacer todo lo posible para escucharlo, entenderlo y tranquilizarlo.

SITUACIÓN 7: ACEPTACIÓN, INCLUSIÓN, IMPORTANCIA
(Los pañales sucios)

Ana puso en la mesa a Sara, su bebé de cuatro meses, y comenzó abruptamente a cambiarle los pañales. La niña no se dejaba y empezó a llorar. Ana, cada vez más nerviosa e impaciente, le dijo: —¡Ahora te quedas quieta! Te voy a cambiar los pañales, ¡te guste o no! —Entre más se frustraba Ana, más se irritaba la niña.

El abuelo estaba observando pero se quedó callado. Cuando llegó a su casa llamó a la hija y amablemente le sugirió que había sido muy ruda e impaciente y que ayudaría mucho si le hablaba más a la bebé en vez de sólo manejarla.

Al día siguiente la joven llamó al padre para decirle que tenía toda la razón. Le contó que antes de cambiarle los pañales, ahora jugaba con la bebé un ratito, le enseñaba dos pañales para que tratara de escoger uno y luego la cambiaba sin llantos ni molestias.

Conducta que hiere

Es probable que la bebé hubiese llorado debido a la rudeza con que la madre le cambió el pañal, especialmente si fue porque estaba maloliente y no porque había llorado. Su nerviosismo y tono de voz exacerbaron el malestar que la niña ya

sentía por haber defecado e hizo que reaccionara así. Sin duda
su inexperiencia como madre fue un factor.

Conducta que ayuda

Una bebé de cuatro meses no puede con palabras expresar
sus deseos, necesidades, satisfacciones o frustraciones. Por
medio de sus expresiones faciales, movimientos corporales y
sonidos comunica lo que siente. Los padres deben aprender
a escuchar y entender a sus bebés observando cuidadosa y
pacientemente lo que quieren. Una actitud paciente y juguetona tiene un enorme efecto positivo y calmante en los niños.

Comentarios

- Los bebés no son objetos, tienen sentimientos acerca de
  cómo los tratamos.

- Aunque ellos no pueden hablar, sí pueden comunicarse, y
  los padres tienen que escucharlos cuidadosa y atentamente.

- La meta no debe ser sólo hacer las cosas, sino también
  interactuar juguetona y positivamente con los hijos.

- Los padres desafortunadamente no siempre tienen a
  alguien que los observe cómo atienden a sus hijos y les
  haga comentarios al respecto. Es importante que se observen a sí mismos y busquen quien les pueda hacer reco-
  mendaciones.

- Los padres que practican desde el principio el arte de la
  inclusión y permiten a sus hijos participar en la toma de
  decisiones, aunque sean muy pequeños y no comprendan
  totalmente las alternativas, hacen que sus hijos se sientan
  seguros e importantes.

SITUACIÓN 8: ACEPTACIÓN Y SEGURIDAD
(Permitir o no al pájaro volar)

Una mujer felizmente casada relató una decisión muy difícil que a la edad de 17 años tuvo que tomar junto con sus padres:

—Después de haber hablado seriamente conmigo en varias ocasiones, mis padres me pidieron que eligiera entre quedarme en casa o irme a vivir con mi novio quien era mayor que yo. Siempre discutíamos porque me quedaba a dormir en su departamento varias veces a la semana, además de romper otras reglas. Me dijeron que les dolería mucho si me iba y que preferían que me quedara en casa. Ya no querían más conflictos y claramente explicaron las reglas que tenía que acatar si me quedaba. Una vez que tomé mi decisión me dejaron ir sin recriminaciones.

Conducta que hiere

Insistir que la hija permaneciera en casa bajo sus condiciones no estaba funcionando. De haber seguido insistiendo, probablemente la chica hubiera terminado yéndose de la casa y la relación se hubiera deteriorado aún más hasta el punto de romperse.

Conducta que ayuda

Los padres controlaron su ansiedad e hicieron a un lado sus miedos y emociones para permitir que su hija eligiera. El que la joven se estuviese quedando en el departamento del novio hacía que cada vez hubiesen mayores tensiones e infelicidad en la casa, además la situación perjudicaba a toda la familia, incluso a los otros dos hermanos. Los padres le hicieron saber que podía regresar si las cosas no marchaban como ella quería.

Comentarios

- A veces es necesario elegir entre dos males y hacer lo mejor que se pueda.

- El permitir que un hijo se responsabilice de su propia vida cuando como padres no logramos que haga lo que le pedimos, es a veces la mejor solución.

- A veces los riesgos que corren los hijos en sus decisiones no son tan terribles como uno se los imagina y puede darse marcha atrás si las cosas no salen bien.

- El aceptar una decisión en la que uno no está de acuerdo, puede ayudar a que en el futuro como padres podamos seguir influenciando a los hijos.

- Los hijos se sienten más importantes si se les permite participar en la toma de decisiones.

SITUACIÓN 9: ACEPTACIÓN, RESPETO Y SEGURIDAD
(Las clases forzadas de piano)

Un joven describió cómo su padre lo hizo sentirse miserable a los nueve años:

—Me acuerdo que mi papá me hizo sentir como perro porque en Navidad no quise tocar el piano para los invitados. No me lo pidió, ¡me lo ordenó! Cuando le dije que no tenía ganas me contestó "¿Y eso que tiene que ver? Crees que yo me puedo dar el lujo de hacer sólo lo que quiero?". Luego empezamos a discutir, me llamó flojo, necio, y me avergonzó enfrente de toda la familia.

Conducta que hiere

El padre no aceptó a su hijo como un individuo con sus propios sentimientos y necesidades. Con su actitud de "después de todo lo que hago por ti", parecía que el niño tenía que tocar en pago a lo que había gastado en sus clases. Muchos padres no resisten el deseo de presumir a sus hijos y, cuando se niegan, su autoridad se ve amenazada, se enojan y son irrespetuosos con sus hijos.

Conducta que ayuda

Debemos imaginarnos cómo nos sentiríamos si alguien con más autoridad nos forzara a actuar. Debemos reconocer que los hijos no son aparatos que se pueden encender y apagar a gusto. Tendremos mejores resultados si los motivamos cortésmente y les damos la oportunidad de negarse: "Carlos, me encantaría que nos tocaras algo, si es que quieres" o "te gustaría tocarnos algo? Seguro que a todos nos encantaría oírte".

Comentarios

- La seguridad de un niño se ve amenazada cuando son obligados a actuar contra su voluntad.

- En muchas ocasiones podemos lograr a que hagan lo que les ordenamos, pero el resentimiento y las consecuencias pueden ser muy costosas.

- Los padres tienen que hacer a un lado su amor propio y aceptar el derecho de sus hijos a decir "no" en áreas en que deberían ser de mutuo consentimiento.

- Los niños son también personas y no se puede esperar que siempre hagan lo que los padres ordenan.

- Si se les pide las cosas con cortesía y respeto, si se les solicita y motiva más y se les ordena menos, tendremos mejores resultados.

SITUACIÓN 10: SEGURIDAD, INCLUSIÓN Y SU IMPORTANCIA
(Los pleitos entre hijos desesperan a los padres)

María cuenta que sus hijos se la pasan peleando y discutiendo y eso la desquicia. Muy rara vez es consistente; se la pasa gritando "¡ya basta!" y amenazándolos con castigarlos aunque casi nunca lo hace. A veces ella y su esposo se desgastan tratando de saber quién empezó el pleito y discuten enfrente de los chicos cómo hay que corregirlos. De vez en cuando llegan a nalguear a uno, pero nada funciona.

Conducta que hiere

Como las cosas se dan inesperadamente, los padres reaccionan emocionalmente debido a su frustración. No tienen ninguna estrategia para manejar la solución. No saben qué cosas ignorar, cuáles corregir, cómo responder consistentemente o, en primer lugar, cómo prevenir los pleitos. El regañarlos, amenazarlos y castigarlos se vuelve costumbre y la frustración e inseguridad cada vez es mayor.

Conducta que ayuda

Los padres tienen que reconocer que lo que hacen no funciona y deben cambiar de estrategia. Tienen que reconocer la diferencia entre remediar y prevenir y encontrar soluciones para cada caso. Necesitan acordar cuáles son las técnicas que ambos emplearán consistentemente. Por ejemplo, para prevenir habrá que:

1. Explicar claramente qué se permite, qué no se permite y sus consecuencias, por ejemplo: sí se vale discutir pero no golpearse.

2. Tener reuniones periódicas para hablar sobre ciertos temas como el por qué no se acepta la violencia y las maneras en que se puede manejar la frustración.

3. Tener reuniones periódicas para hablar sobre el desempeño de todos los miembros de la familia y para desahogar las frustraciones. (Ver el capítulo 4, plan de juegos #3)

Comentarios

- Cuando no se tiene una estrategia o filosofía previamente bien pensada, la reacción de los padres es exagerada e inconsistente ante las pequeñas crisis.

- Se debe enfatizar la prevención, no la corrección.

- Constantemente y desde muy temprana edad, los hijos pueden participar en las conversaciones de la familia sobre la conducta agresiva.

- Los niños pueden ayudar a establecer las expectativas de un buen comportamiento y las consecuencias de sus desviaciones.

- Se deben seguir fielmente las expectativas y las consecuencias pero implementarse con amor y firmeza, no con enojo.

- Cuando los padres son amorosos y se apegan a las expectativas y consecuencias razonables, los hijos se sienten más seguros.

- Para prevenir problemas, los miembros de la familia deben tener canales de expresión no agresivos para expresar sus sentimientos y frustraciones.

- Los niños deben ser elogiados cuando solucionan sus problemas sin pelear.

SITUACIÓN 11: ACEPTACIÓN Y SEGURIDAD
(El sexo y los púberes)

María dejó a Cata, su hijita de seis años, en la casa de su vecina para que pasara todo el sábado con su amiguita de la escuela. Antes de anochecer pasó a recogerla y de camino a casa le preguntó si se había divertido. Cata le dijo que habían visto en la tele una película maravillosa. Cuando le dijo el título se quedó sorprendida porque sabía que esa era una película con escenas y lenguaje explícitamente sexual. Cata empezó a contar la película y en un momento dijo: "y luego creo que se la sexeó en el asiento de atrás del auto". María se quedó boquiabierta, entró en pánico y sólo alcanzó a decir "¡oh!". Inmediatamente cambió de tema. Más tarde reflexionó y se prometió que vigilaría con más cuidado lo que Cata veía y a dónde la dejaría ir de visita.

Conducta que hiere

Frecuentemente, por sus temores, los padres reaccionan exageradamente. En este caso la madre se molestó pero no actuó guiada por sus sentimientos. Otros padres se habrían enojado mucho y regañado a la niña por haber visto ese tipo de películas o hablado del sexo como lo hizo, haciéndola sentir que hizo algo malo.

Conducta que ayuda

Cuando nos sorprende lo que hace un hijo y no sabemos que hacer, lo mejor es no decir nada, tal como lo hizo María.

Podemos dejarlo pasar y esperar a que se vuelva a tocar el tema del sexo o hasta que la niña muestre curiosidad o empiece a hacer preguntas. Por el otro lado, al hacerle saber que no está muy claro lo que dijo, se puede explorar muy sutilmente lo que sabe del tema. María pudo haber dicho: "Cuando dices que se la sexeó en el asiento de atrás, ¿que quieres decir?" y de esta manera averiguar qué es lo que sabe Cata, cómo se siente sobre lo que sabe y aprovechar una oportunidad de desarrollar actitudes saludables sobre el sexo. En vez de un peligro, ésta fue una oportunidad que tuvo para vincularse con la niña por medio del tema del sexo.

Comentarios

- Para que los padres y los hijos se sientan seguros, debemos tener una estrategia para manejar con confianza los temas prohibidos, como el del sexo, a un nivel adecuado a la madurez del niño.

- Si uno acepta la idea de discutir el sexo cada vez que el niño toca el tema, o cuando sintamos que es apropiado, entonces debemos estar informados y preparados.

- La preparación permite que como padres podamos aprovechar las oportunidades de vincularnos con confianza cada vez que se presente la oportunidad.

SITUACIÓN 12: INCLUSIÓN
(Una falla en la comunicación)

Los padres se quejan de lo difícil que es vincularse con sus hijos de 9 y 12 años. Una madre da un ejemplo típico. Cuando su hija regresa de la escuela y le pregunta cómo le fue, la niña contesta: Bien. —¿Qué hiciste? —Nada. —¿Te divertiste? —No. —¿Por qué? —Aburrido.

Conducta que hiere

El momento no es oportuno, la chica quiere cambiarse de ropa y jugar. No es el mejor momento para platicar. La interacción parece más una interrogación y las preguntas son irrelevantes y hechas sin interés mientras la madre hace otra cosa. Parece más una conversación hueca como la de los esposos cuando su matrimonio ya no anda bien.

Conducta que ayuda

Los padres necesitan dejar de forzar las conversaciones a la carrera o cuando los hijos están pensando en otra cosa. Si se selecciona una hora favorable habrá más posibilidades de tener buenos resultados. Ayuda también iniciar la conversación con un tema en el que los hijos han mostrado interés, como una película de la que están hablando, o algo de lo que pasa en la familia o a los hijos, o sobre una noticia interesante actual.

Comentarios

Los padres necesitan:

- reconocer y evitar las conversaciones repetitivas, triviales o de costumbre y hablar sobre cosas de verdadero interés.

- tener horas fijas para conversar, como la hora de la comida o después de la cena.

- discutir cosas y eventos interesantes de la vida de los padres o de los hijos para estimular la conversación.

SITUACIÓN 13: ACEPTACIÓN, SEGURIDAD
(Mejor tarde que nunca, ¿o no?)

Un adolescente fue con sus amigos a una fiesta el sábado por la noche y regresó a casa una hora más tarde de la hora que su madre le pidió. Cuando llegó se empezó a disculpar pero la madre lo interrumpió gritándole que no tenía perdón, que la tenía muerta del susto y que por no haberla llamado sería castigado. Enojado contestó que sí trató pero la línea estaba ocupada. A esto la madre lo acusó de mentiroso y el chico le gritó: "Deja de tratarme como un bebé!", y furioso se fue a su habitación dando un portazo.

Conducta que hiere

El enojo de la madre puso al joven a la defensiva y se creó un conflicto en el que ambos trataron de imponerse. Ella sintió que el joven era desconsiderado e insensible y él que su madre era una hipócrita, si hubiese estada muerta del susto ¿por qué no se alegró y tranquilizó de verlo sano y salvo? Ninguno de los dos pudo ver el punto de vista del otro. Las emociones y necesidad de estar en lo cierto no permitieron que ninguno intentara resolver la situación. El conflicto se convirtió en una lucha de poderes.

Conducta que ayuda

Cualquiera de los dos pudo romper el círculo de agresividad y haberse comportado tranquila y amablemente. Lo ideal hubiera sido que la madre expresara su alivio al verlo salvo y también su preocupación por no haberla llamado. Pudo haberle dado el beneficio de la duda en cuanto a la llamada telefónica y después de abrazarlo mandarlo a la cama. Al día siguiente pudieron haber discutido sobre cómo evitar que la situación se repitiera. El hijo pudo haber ignorado la furia de la madre y esperado hasta que ella se calmara para disculparse y explicarle lo que pasó.

Comentarios

- La necesidad de control de la madre y su ansiedad se conflictuaron con la necesidad de independencia del adolescente. Ninguno se puso a pensar en cómo satisfacer las necesidades del otro y probablemente también conseguir lo que desea. Las emociones fueron las que dominaron la escena. Finalmente nadie salió beneficiado ni se quedó tranquilo. La madre ni pudo controlar al hijo ni el hijo consiguió su independencia.

- Como este tipo de situaciones se repite constantemente con algunas variantes, los padres necesitan desarrollar una estrategia constructiva para evitarlas y resolver los problemas.

- Este tipo de conflictos deben manejarse con mutuo respeto para poder encontrar una solución sin echarse la culpa uno al otro y sin tratar de ganar el pleito.

EN SÍNTESIS

En la mayoría de los casos se trató de situaciones en las que dominaron las emociones en vez de la sensatez. Las diferencias se profundizaron y tanto los padres como los hijos se quedaron angustiados e insatisfechos. El énfasis se pone frecuentemente en tener la razón y en obligar al otro a aceptarlo, no en la comprensión y en la necesidad de satisfacer las necesidades del otro.

En el transcurso de un año, las mismas situaciones se repiten de diferentes maneras pero si cada vez nos comportamos como si fuesen la primera vez, estaremos dando de palos de ciego. Si actuamos con el fin de satisfacer las cinco necesidades básicas de los niños, podremos actuar con mayor confianza, consistencia y positivamente, sin importar las circunstancias particulares de cada situación.

Podemos aprender de cada situación si usamos las cinco necesidades como una guía para contestar preguntas como:

¿Qué me hubiera gustado que sucediera en esta situación?

¿Qué aprendí sobre mis propias necesidades, conducta, puntos fuertes, debilidades, pensamientos y actitudes?

¿Qué hubiera hecho diferente teniendo en cuenta las cinco necesidades?

Al hacerlo, nos convertimos en mejores estudiantes de nuestra propia conducta y en padres más eficaces y conscientes. Trataremos cada situación no como escaramuzas que hay que ganar, sino con la actitud de que *cada intervención con nuestros hijos es una oportunidad de enseñar y aprender, de vincularse o desvincularse,* y con la intención de crear infinidad de vínculos.

Recuerdos de la niñez

(Experiencias que dejaron huella)

*C*uando somos niños somos muy impresionables. Nuestros padres son quienes más nos influyen. Con ellos pasamos la mayor parte del tiempo, tenemos la relación emocionalmente más íntima y de ellos depende nuestra existencia durante casi toda la niñez. Para bien o para mal, nuestros padres son nuestros modelos a seguir y su influencia frecuentemente perdura durante nuestra vida adulta y afecta la manera en que educamos a nuestros hijos.

Cuando los padres mueren, frecuentemente los hijos se lamentan por no haberlos conocido mejor y por no haber compartido más cosas con ellos. Los hijos están ansiosos de saber qué es lo que sus padres piensan, sienten y por qué hacen las cosas como las hacen. El estar más conscientes del efecto que la conducta de los padres tiene en los hijos ayuda a los padres ser más conscientes y mejores.

En el capítulo 2 dimos ejemplos de padres que apoyan o no apoyan las cinco necesidades básicas de los niños. En este capítulo presentamos relatos de jóvenes que cursan la escuela secundaria y a quienes la conducta de sus padres los hizo sentirse, o no sentirse, respetados, importantes, aceptados, incluidos o seguros durante su niñez.

La siguiente es una muestra de las respuestas dadas por más de 200 personas después de una conferencia o seminario del autor sobre las relaciones entre padres e hijos. La pregunta que contestaron fue la siguiente:

Piense en la relación que tenía con sus padres y proporcione ejemplos de las actitudes de sus padres, manera de comunicarse, conducta o actos que pudieron haberlo afectado cuando usted estaba creciendo, ya sea positiva o negativamente, a sentirse respetado, importante, aceptado, incluido o seguro.

Respuestas seleccionadas

RESPETO

No sentirse respetado

1. Cuando intentaba usar ropa diferente, mis papás se burlaban de mí.

2. No podía decir algo sin que estuviesen interrumpiendo.

3. Cuando mi mamá me llevaba a comprar ropa, terminaba gritándome en público porque no me gustaba lo que ella escogía. Me sentía muy humillada.

4. A veces me avergonzaba por los comentarios que hacía sobre mí como si yo no estuviese presente.

5. Siempre me estaban presumiendo y querían que impresionara a las demás personas sin preguntarme si estaba de acuerdo. Si me negaba, se enojaban y me llamaban necio.

6. Cuando era chiquito, mi mamá me cambió los pantalones en la calle porque me derramé algo. Me dio mucha vergüenza.

7. Me molestaba mucho que mis papás contestaran por mí cuando alguien me preguntaba algo.

Sentirse respetado

1. Mamá nunca abrió mi correo; siempre respetó mi privacidad.

2. Cuando nos portábamos mal, mis papás nunca nos gritaron ni ofendieron.

3. Si no queríamos comer algo, no nos forzaban con tal que lo probáramos.

4. Aunque a mi papá no le gustaba como se vestían algunos de mis amigos, nunca me prohibió que los invitara a nuestra casa.

5. Mi mamá me pedía perdón cuando perdía los estribos y a veces me explicaba qué la había enfurecido.

6. Cuando mi tío se burló de mi cabello largo y me llamó niña, mi mamá le pidió que no lo hiciera.

7. Mis padres no me fastidiaban con que hiciera la tarea. Sólo me pedían que les avisara cuando ya había terminado.

IMPORTANCIA

No sentirse importante

1. Parece que nunca me dejaban hacer nada.

2. Mi padre era una persona infeliz. A cada rato me decía que yo iba a ser un don nadie y por mucho tiempo se lo creí.

3. Cuando mi hermana tuvo problemas emocionales, mis padres nunca lo discutieron conmigo. Como siempre le ponían atención porque estaba enferma, cuando era niño siempre sentí que ella era importante y yo no.

4. Nunca participamos en las decisiones. Por ejemplo, cuando nos mudamos de Chicago a Tucson, no nos preguntaron nuestra opinión ni que nos parecía cambiar de escuelas.

5. Cuando mi mamá hablaba por teléfono, no había manera que nos hablara o contestara, ni a mí ni a mi hermana. Se la pasaba pegada al teléfono.

6. Cuando gané segundo lugar en natación, mis papás no se emocionaron y me dijeron que tenía que trabajar más duro para ganar. Me hicieron sentir como un fracasado.

7. Cuando daba mi opinión, mis papás me decían con desprecio que me callara porque era muy chico para entender.

Sentirse importante

1. Aunque estaban muy ocupados, se las arreglaban para sentarse y escucharme.

2. A veces nos platicaban lo que les estaba pasando en su vida.

3. Desde chiquito, siempre trabajé los fines de semana o durante las vacaciones en la oficina de papá. Aunque empecé con cosas sencillas, siempre sentí que era grande porque me dejaban estar con mi papá en su mundo.

4. Como era el hermano mayor, mis padres me encargaban de cuidar a mi hermana cuando empezaba a ser adolescente y también me dejaban cuidar a otros niños y bebés.

5. Después de mi primer semestre en la universidad, mis papás me permitieron hacer un presupuesto. Tenía mi propia cuenta bancaria y controlaba todos mis gastos. Confiaban en que viviría dentro de mi presupuesto y que no les pediría para emergencias.

6. Mi papá trabajaba en casa haciendo gorros. Mientras trabajaba yo le leía artículos de una revista de aventuras y, al ver que lo disfrutaba, me sentía muy orgulloso y contento.

7. Mis padres me dejaban elegir mi ropa, comida, amigos, etc. y cuando no me lo permitían, me explicaban por qué.

ACEPTACIÓN

No sentirse aceptado

1. Cuando hacía enojar a mi mamá, ella me decía, "¡Eres imposible! ¿Por qué no eres como tu hermano?".

2. Cuando decidí que quería empezar a trabajar al terminar la secundaria en vez de ir a la universidad, me hicieron sentir que era un fracasado.

3. Tengo 49 años y mis padres siguen criticando mis decisiones.

4. Mis padres siempre querían saber todo lo que hacía y se enojaban cuando no les contaba todo.

5. Sentía que mis papás sólo se fijaban en mis faltas. Mi abuelo era la excepción.

6. Mis papás nunca nos dejaron discutir. Nos hacían sentir que éramos malos en vez de enseñarnos a discutir.

7. Cuando le trataba de explicar a mi papá por qué tenía una mala nota en la escuela, me decía que no quería oír pretextos y no me dejaba hablar.

Sentirse aceptado

1. Mis papás nunca se opusieron a que invitara mis amigos a casa, aunque no les avisara con anticipación. Todos eran bienvenidos.

2. Cuando me empecé a dejar crecer el cabello, tenía muchos problemas en la escuela y con algunos de mis familiares. Mi mamá me dijo que no importaba que tuviera el cabello corto o largo, que lo importante era lo que estaba adentro de la persona.

3. Siempre me encantaron las cebollas crudas. No importa dónde estuviéramos, mi mamá siempre pedía que me trajeran cebollas con mis hamburguesas, perros calientes, *corn flakes,* o lo que fuera.

4. Aunque no estaban muy emocionados con la carrera que quería, nunca intentaron hacerme escoger otra.

5. Mi mamá me felicitaba porque me llevaba muy bien y era paciente con mis abuelos a pesar de ser viejos.

6. Rara vez interfirieron con mi selección de amigos y actividades.

7. Mis papás nunca se enojaban cuando yo opinaba con certidumbre sobre cosas en las que no estábamos de acuerdo; al contrario, lo discutían conmigo.

INCLUSIÓN

No sentirse incluido

1. Cuando mis papás llevaron a mi hermana a un centro de psicoterapia, no me dejaron ir con ellos.

2. Mi familia era famosa por ocultarnos la verdad. Había muchos trapos sucios que todo mundo conocía pero nadie podía discutir.

3. Casi nunca hacíamos cosas juntos, en familia.

4. Nunca me preguntaron cómo me sentía sobre cosas importantes ni después de un gran pleito familiar. Nunca escuché a mis papás hablar de algo relevante.

5. Cuando tenía 10 años, mi mamá se volvió a casar pero nunca nos dijo nada antes, ni a mí ni a mi hermano.

6. Cuando había visitas, nunca me incluían, siempre me mandaban a mi cuarto.

7. Me sentí excluida de la vida de mi padre. Tal vez hubiera actuado diferente si hubiese sido niño.

Sentirse incluido

1. Siempre me encantaron los días de fiesta, las excursiones y las reuniones familiares.

2. Siempre había reuniones familiares para tomar decisiones. Todo mundo participaba y siempre pedían mi opinión.

3. Mi mamá me confiaba algunos secretos. A veces me dejaba ayudarla a escoger el regalo para mi papá e incluía mi nombre en la tarjeta.

4. Mi papá era un narrador y siempre nos complacía cuando le pedíamos que nos contara un cuento. Las historias generalmente eran acerca de su niñez y nos hacía sentir como se sintió él en diferentes situaciones.

5. Todos los domingos mis papás leían el periódico en la cama. Nosotros nos trepábamos a la cama y papá nos leía las historietas, especialmente la de "Lil' Abner". Siempre terminábamos en una guerra de cosquillas.

6. Hacíamos todo, bueno casi todo, en familia. Todas las noches durante la semana y antes de irnos a dormir, jugábamos a las cartas. Mi papá y yo jugábamos damas y luego me enseñó a jugar ajedrez.

7. Hacíamos trabajo voluntario en proyectos del barrio.

SEGURIDAD

No sentirse seguro

1. El divorcio de mis padres fue devastador, especialmente porque nunca lo discutieron adecuadamente con nosotros.

2. Me desquiciaba que siempre me criticaran mis padres.

3. Mi mamá siempre estaba preocupada por el dinero. Aunque nunca discutimos los detalles, sentí que no podíamos comprar nada. Me sentía culpable cuando tenía que pedir algo.

4. Nuestros padres peleaban mucho y con mucha rabia. Nunca vimos que hicieran las paces. Eso nos dejó cicatrices permanentes.

5. Mi mamá se la pasaba fuera de la casa, casi nunca la veíamos.

6. Mi mamá decía que era gorda y fea y yo me sentía igual porque la gente decía que me parecía a ella.

7. Siempre tenía miedo de hablar con mis papás sobre mis problemas porque se enojaban mucho y no me daban el apoyo que necesitaba.

Sentirse seguro

1. No importa que tan pobres estaban mis padres, nunca se quejaron y se veían siempre felices. Cuando crecí me daban lástima los niños pobres que vivían alrededor y sólo hasta que fui adulto me di cuenta que no estábamos mejor que ellos.

2. Mi mamá siempre me hizo sentir mejor cuando estaba enfermo o asustado y, hasta cuando me metía en problemas, me sentía seguro porque sabía que le importaba mucho.

3. Cuando llegaba a casa siempre había alguien, si no mis papás, alguien de la familia. Crecí en una vecindad muy segura.

4. En las noches, uno de mis papás venía a leerme en la cama y siempre empezaban y terminaban el día abrazándome cariñosamente.

5. Mis papás se divorciaron cuando tenía siete años y no dejaron que nos sintiéramos menos por eso. Nunca hablaron mal uno del otro y siempre fueron amables en frente de nosotros. Nos explicaron lo que pasó sin echarse la culpa y recalcaron que tampoco era nuestra culpa.

6. Mis papás se entregaban uno al otro. Siempre eran amables, amorosos, tiernos, muy comprensivos y muy enamorados uno del otro. Esto me daba mucha confianza.

7. Mis papás nunca nos gritaron ni nalguearon cuando hacíamos algo mal. Se tomaban su tiempo para discutirlo con nosotros. Bastaba con una mirada para que nos enderezáramos.

EN SÍNTESIS

Con frecuencia los padres no se percatan del impacto que tiene lo que dicen o hacen en los hijos. Cuando son adultos los hijos siguen recordando vívidamente ciertas conductas de sus padres y cómo los afectó. Muchos padres se sorprenden ante estas conductas y otros no las aceptan como propias aunque sí las reconocen en otras personas. Aún en los casos en que reconocen haber actuado así, no les queda claro los efectos negativos. Es necesario que el nivel de conciencia de los padres sea mayor para que puedan comprometerse a satisfacer las cinco necesidades vitales de los niños.

Como padres, necesitamos ser estudiantes de nuestro propio comportamiento y preguntarnos constantemente cómo nos sentimos con nuestra interacción con los hijos, qué hemos aprendido sobre nosotros y qué cambios necesitamos hacer para ser padres más efectivos y felices. Es importante hacer preguntas a nuestros hijos para averiguar cómo los estamos afectando y cuáles son sus temores y preocupaciones ya que frecuentemente no son expresados o son mal comprendidos. Necesitamos compartir más de nosotros mismos para que nuestros hijos aprendan y quieran compartir más con nosotros y sin temor a hacerlo.

Cómo convertirse en padres profesionales

(La crianza de los niños es demasiado importante para dejarla al azar)

En un taller para parejas casadas trabajamos por separado con las esposas y los esposos. A los hombres les preguntamos cuál era su prioridad principal en la vida y casi todos respondieron "mi esposa y mis hijos". Cuando a las esposas les preguntamos cuánto tiempo pasaban los maridos con sus hijos, la inmensa mayoría dijo cosas como "nunca lo veo, pues siempre está haciendo otra cosa". A veces nuestra conducta no concuerda con las prioridades que decimos tener.

Cuando le preguntamos a cada grupo cuánto tiempo pasaban con su cónyuge evaluando qué tan bien estaban cumpliendo sus labores de padres o explorando otras maneras para mejorar, la respuesta fue "casi nunca". La mayoría de sus conversaciones relacionadas a la crianza de los niños se daban informalmente, ya sea que a uno de ellos no le gustaba lo que el otro hacía o estaba molesto o preocupado por algo.

La colaboración de estas parejas de padres estaba generalmente enfocada a la solución de los problemas.

Aficionados o profesionales

La mayoría de los padres son aficionados en la crianza de los niños, ya que su comportamiento, tanto en dedicación como en calidad, contradice la alta prioridad que dicen darle a la educación de sus hijos. En vez de tener un sistema y prevenir o fomentar las situaciones, se la pasan reaccionando según la ocasión y dando palos de ciego. No hay nada de malo en ser aficionado. Es así como todos empezamos, sin capacitación y sin experiencia o habilidades, pero también —al menos eso esperamos— con mucho amor y un fuerte deseo de aprender y mejorar. Ser padres es algo tan importante que se necesita desarrollar la pericia y tener una conducta propia de los profesionales, consciente y sistemática, pero sin perder el amor, el entusiasmo y la espontaneidad del aficionado. Sin las cualidades del aficionado, el profesional puede convertirse en una persona fría, mecánica y rígida. Por otro lado, si el aficionado carece de las cualidades del profesional, éste puede dar de tropezones y ser ineficaz.

El ser padres es demasiado importante y complejo como para dejarlo al azar. Cuando el objetivo es desarrollar niños emocionalmente sanos, hay mayores posibilidades de lograrlo si se tiene un enfoque profesional que contribuya además a la salud emocional de los padres. Seguir siendo aficionados significa continuar actuando al azar, lo cual acarrea inconsistencias, frustraciones y tensiones innecesarias tanto a padres como a hijos. Aunque algunos padres aficionados son mejores que otros, ninguno logra todo lo que es capaz.

Los elementos del profesionalismo

Para volverse profesionales es necesario poseer una serie de valores fundamentales sobre el hecho de ser padres para sistemática y consistentemente poder convertir los conceptos, las ideas y las intenciones en acciones. A continuación planteamos los cuatro elementos esenciales del profesionalismo:

1. Toma consciente de decisiones

2. Estrategia de acción

3. Aprendizaje de la conducta propia

4. Disposición a experimentar

LA TOMA CONSCIENTE DE DECISIONES

La característica más consistente y predecible de la sociedad contemporánea es el cambio. Todo cambia tan rápido que constantemente no tenemos el panorama completo debido a las nuevas circunstancias. Las familias tienen muchas presiones, y si los padres no se enfocan en la familia, los niños quedarán desatendidos.

Debido a que el cambio es inevitable, tenemos que decidir si somos víctimas del cambio forzado —y esto es lo que hacen los aficionados— o si nos convertimos en profesionales y somos partícipes del cambio planeado. Los aficionados esperan a que ocurran los cambios mientras que los profesionales toman decisiones conscientes y hacen que sucedan las cosas.

El cambio planeado comienza cuando los padres deciden conscientemente cómo quieren que sea su vida familiar. Este deseo se traduce a metas y prioridades que serán el punto de partida para desarrollar una estrategia.

LA ESTRATEGIA DE ACCIÓN

Sin una estrategia, las metas o las decisiones conscientes no son nada más que buenos deseos o una manera linda de expresar un deseo pasajero, como las resoluciones de Año Nuevo que olvidamos dos semanas después.

Una estrategia, en pocas palabras, es una descripción de los pasos a seguir para lograr una meta. Puede ser tan simple o compleja como sea necesario. Algo sencillo puede ser llevar un diario semanal de anécdotas y el progreso logrado en conseguir satisfacer las cinco necesidades vitales de los hijos, mientras que organizar un grupo de apoyo para padres con reuniones regulares requiere una planeación más sofisticada.

Si usted no sabe a dónde quiere ir, es difícil saber a dónde va a ir a parar; ahora, si sí sabe pero no tiene ningún plan para llegar, probablemente no va a llegar.

EL APRENDIZAJE DE LA CONDUCTA PROPIA

A muchos de nosotros nos es fácil analizar la conducta de los demás. Sabemos exactamente lo que los otros deben hacer para que las cosas mejoren. Los esposos saben exactamente en qué deben cambiar sus esposas para que mejore el matrimonio, y lo mismo sucede con las esposas. Entre hijos y padres, o empleados y jefes, se pueden dar uno al otro consejos para que el otro mejore. En todos lados es igual, si tan sólo los otros hicieran las cosas de otra manera, el mundo y mi vida sería mucho mejor.

Desafortunadamente a casi todos nos es difícil analizar nuestra propia conducta. Muy pocas veces es este nuestro objetivo, y mucho menos una prioridad. Sabemos que es muy difícil, sino es que imposible, cambiar la conducta de los demás. Nosotros mismos somos sobre quien mayor control tenemos y los cambios que hagamos en nuestra propia conducta pueden influenciar positivamente la de los demás. Si en una relación no tenemos los resultados que queremos, quien debe comenzar por hacer modificaciones es uno mismo, no la otra persona. El sentido común nos dice que si no estamos obteniendo lo que queremos, es porque lo que hacemos no funciona. Por ejemplo, si a pesar de años de amenazas y regaños no logramos que nuestro hijo limpie su cuarto, entonces habrá que abandonar esta técnica ineficaz que simplemente nos derrota.

Si pensamos que somos una empresa, Yo Mismo, S.A., ¿no estaríamos constantemente analizando nuestros ingresos y egresos, así como los puntos fuertes y los débiles para reforzarlos o corregirlos y así evitar ir a la ruina? La alta tasa de divorcios es un indicador de la cantidad de matrimonios que se van a la bancarrota y en los cuáles los niños pagan un precio muy alto. Ya que como padres tenemos la función de crear el bien más valioso, nuestros hijos, somos también quienes mayor necesidad tenemos de analizar y aprender de nuestra propia conducta.

LA DISPOSICIÓN A EXPERIMENTAR

Se podría decir que la vida no es más que un gran experimento y que la sociedad es un laboratorio maravilloso, especialmente en lo relacionado con la vida familiar. Si aceptamos este punto de vista y adoptamos conscientemente una actitud experimental, tendremos muchos beneficios, entre ellos el de no fracasar y el de jamás sentirnos víctimas. Si algo no sale como queremos, no nos jalaremos del cabello lamentándonos: "¡Ay, pobre de mí! ¿Por qué me tiene que pasar esto? ¿Qué he hecho para merecerlo?", al contrario, seguiremos el viejo consejo: "Si no sale a la primera, vuelva a tratar una y otra y otra vez", sólo que habrá que agregar lo que la mayoría omite: "pero cada vez de distinta manera". Es claro que si seguimos haciendo las cosas de la misma manera ¡no podemos esperar que el resultado sea diferente! En este caso la práctica no hace al maestro. Si lo que se practica son errores, cada vez se cometerán más fácilmente y ésta es la razón por la que muchas personas no llegan a dominar el arte de ser padres sólo con la pura experiencia.

Cuando se está dispuesto a experimentar, los problemas y las dificultades se convierten en retos y la vida diaria en un juego, en un experimento divertido. Cada día es una oportunidad para usar el laboratorio maravilloso de la vida y tratar algo nuevo. La labor de los padres se convierte en un experimento continuo y consciente, en una fuente de retos y trabajo fascinante que habrá que disfrutar.

La aplicación de los elementos del profesionalismo

LA TOMA CONSCIENTE DE DECISIONES

Cuando los padres tienen una serie de valores fundamentales corren menos riesgos de perseguir metas contradictorias o de interpretar erróneamente las acciones y los motivos del otro. Sus actividades estarán más enfocadas y probablemente su conducta será más eficaz y consistente.

Lo primero que hay que hacer para que las cinco necesidades vitales de los niños sean parte de la vida familiar es hacer realidad este intento y que ambos padres tomen las siguientes decisiones conscientemente:

Adoptar las cinco necesidades vitales

- Adoptaré las cinco necesidades vitales como los valores fundamentales que me guiarán en mi comportamiento para:

1. Tratar a mis hijos con el mismo respeto que me gustaría recibir y con el que yo trato a los adultos.

2. Tratar a mis hijos de tal manera que los haga sentir importantes y valiosos.

3. Aceptar que mis hijos son seres independientes y únicos, con derecho a sus propias ideas, sentimientos, pensamientos y opiniones.

4. Ayudar a mis hijos a que desarrollen un sentimiento de comunidad (proximidad con los demás) al incluirlos en todas las actividades posibles de la familia y de la comunidad.

5. Aumentar sus sentimientos de seguridad gracias a mi relación ejemplar de respeto y amor con mi cónyuge, la cual se basa en las cinco necesidades —o si no tengo cónyuge, con las personas importantes de mi vida— para crear un equilibrio entre libertad y control.

Crear un estilo de vida balanceada

- Pondré atención a mis propias necesidades como persona y me ocuparé de satisfacerlas porque reconozco que mis hijos se beneficiarán si estoy relajado, feliz y disfruto de la vida.

Ser cada vez más profesional

- Lucharé para que al aplicar los cuatro elementos fundamentales —decisiones conscientes, estrategia de acción, aprendizaje de la propia conducta y disposición a experimentar— mi labor como padre será cada vez más profesional.

TENER UNA ESTRATEGIA DE ACCIÓN

Muchas buenas intenciones nunca llegan a convertirse en acciones porque es muy difícil cambiar o adquirir nuevos hábitos. Las siguientes estrategias están diseñadas para facilitar la transición de concepto a acción.

Esta lista no es algo fijo que a todos sirve tal cual la presentamos. Su fin es estimular la mente para encontrar alternativas para elegir, adaptar o modificar. Damos por hecho que ustedes crearán sus propias estrategias que se adapten a sus propias situaciones, edades, personalidades y necesidades familiares.

La idea es comprometerse y empezar inmediatamente. Comiencen con una estrategia y vayan agregando más. Es mejor empezar con poco, pero ahora mismo, que esperarse a querer abarcar todo y tal vez nunca hacer nada. Conforme van logrando un sistema, les será más fácil y querrán hacer algo más. La siguiente lista presenta varias estrategias que ustedes pueden considerar:

ESTRATEGIA #1: Revisión constante de los conceptos básicos

Los atletas y artistas profesionales practican los fundamentos de su campo antes de cada juego o evento: los tenistas practican los golpes básicos y entran en calor antes de cada encuentro, los beisbolistas practican bateando y lanzando la pelota, los músicos afinan sus instrumentos. Aunque los padres no pueden imitar su conducta antes de hablar con sus hijos en la mañana, sí pueden revisar constantemente los conceptos básicos de las necesidades vitales de los niños:

Metas

Mantener frescas en la mente las cinco necesidades vitales para que sean una guía en nuestras relaciones con nuestros hijos.

Acciones

1. Semanalmente: Volver a leer las secciones de Síntesis del Capítulo 1 que resumen las razones y la importancia de cada una de las cinco necesidades vitales.

2. Trimestralmente: Volver a leer completo el Capítulo 1.

3. Cada fin de semana los padres decidirán si deben volver a leer el Capítulo 1 con más o menos frecuencia.

Comentarios

En algún momento, gracias a que repasan y aplican constantemente los conceptos, los padres llegan a dominarlos y a emplearlos fácilmente cuando se relacionan con sus hijos.

ESTRATEGIA #2: Analizar y mejorar la propia conducta

El crecimiento personal no se da en un vacío. Para poder hacer los cambios y ajustes necesarios, primero necesitamos saber qué cosas estamos haciendo bien y qué es lo que sí y lo que no funciona. Los atletas profesionales son muy afortunados porque tienen estadísticas sobre los juegos y sobre su desempeño personal, además de la ventaja de poder verse en películas y contar con los comentarios de asesores y entrenadores. Aunque los padres no cuentan con este tipo de información, sí pueden comenzar a aprender de su propia conducta si se examinan a sí mismos y le piden a su cónyuge, a sus hijos, parientes y otras personas que les hagan una crítica constructiva.

Meta

Participar en actividades que ayuden a analizar y a mejorar la conducta propia.

Acciones

1. Llevar un diario y cada noche durante 15 ó 20 minutos contestar las siguientes preguntas:

   - ¿Hice algo para satisfacer alguna de las necesidades vitales de mi hijo? En caso afirmativo, dar breves ejemplos.

   - ¿Hice algo que evitara satisfacer cualquiera de las cinco necesidades vitales? En caso afirmativo, dar breves ejemplos.

   - ¿Qué aprendí sobre mí mismo (actitudes, conducta, puntos fuertes y débiles)?

   - Si pudiera volver a vivir el día de hoy, ¿qué cambiaría?

   - Preguntas sobre mi actitud y mi conducta o las de mis hijos.

(El anexo B es un formulario que pueden emplear para contestar estas preguntas.)

Comentarios

Si los padres llevan este diario, aunque sea sólo por un mes, se sorprenderán de lo mucho que aprenderán sobre sí mismos y sobre sus hijos y de lo útil que es esta información. Esta estrategia se puede enriquecer si en el fin de semana discuten el contenido del diario. Esta actividad sola tiene la enorme ventaja de poder mejorar profundamente la calidad de la relación con los hijos y el placer de ser padres.

ESTRATEGIA #3: Juntas familiares

Las juntas familiares, también llamadas juntas de retro-alimentación, son un medio sano y seguro para fomentar la comunicación abierta. En ellas, se pueden ventilar los sentimientos, las preocupaciones y las frustraciones, así como el agradecimiento y las alegrías. En estas juntas, todos comparten y reciben información sobre lo que hace y le sucede a cada quien y aprenden cómo las acciones de cada miembro pueden estar afectando a los demás.

Meta

Mejorar las relaciones familiares por medio de juntas familiares.

Acciones

1. Junta inicial: Los padres discutirán el propósito de la junta, por ejemplo: averiguar cómo le está yendo a cada quien y sugerir maneras para eliminar los obstáculos y vivir sana y felizmente juntos. Las reglas básicas incluyen: a) sólo una persona habla a la vez, b) no hay interrupciones, c) todos tienen el mismo derecho de decir lo que quieren.

2. Juntas fijas semanales: En estas juntas se contestarán preguntas como:

   • ¿Qué cosas hacemos que obstaculizan o nos ayudan a vivir sana y felizmente?

   • ¿Qué es lo que más nos gusta y disgusta de nuestra vida familiar?

   • ¿Qué otras cosas pasan en nuestra vida que nos están haciendo sentir bien, mal, preocupados, relajados o agradecidos?

   • ¿Qué podríamos hacer para mejorar las cosas?

3. Los padres fijan el tono:

- Los padres pueden iniciar la sesión solicitando crítica constructiva: "¿Qué he hecho durante la semana pasada que les gustó o disgustó?".

- Para que los niños contesten sin sentir que corren riesgos, los padres deben aceptar los comentarios y recalcar que no se castigará a nadie por nada de lo que se diga.

- Algunas familias comienzan con una presentación, cada miembro tiene uno o dos minutos para mencionar lo mejor y lo peor que le ha pasado en la semana antes de empezar la crítica constructiva.

- Semanalmente: Tomar notas de los puntos más importantes mencionados después de cada junta.

- Mensualmente: Detectar que temas se repiten semana a semana y necesitan ser atendidos.

(El anexo C se puede usar como formulario modelo para tomar notas.)

Comentarios

Aunque toma tiempo para que estas reuniones sean una costumbre, no se debe acelerar el proceso. A la mayoría de las personas les es difícil comunicarse abiertamente y dar y recibir crítica constructiva honesta. Poco a poco estas juntas se harán más fáciles y los beneficios serán obvios. Aunque hablar de las frustraciones y criticar constructivamente es parte de la retroalimentación, se pueden dedicar algunas sesiones para hablar sólo de cosas que hacen sentir bien a las personas. Si algo surge que necesita resolverse, se le puede hacer un seguimiento. Las juntas pueden ser semanales, quincenales o mensuales y durar de media a una hora o más.

La frecuencia y la duración dependerán de las necesidades familiares y pueden cambiar con el tiempo. Las juntas familiares son una oportunidad para que los padres e hijos se conozcan y se comprendan mejor.

ESTRATEGIA #4: Énfasis en el reforzamiento positivo

Los padres tienen la tendencia a poner más atención a los niños cuando se portan mal que cuando hacen todo bien, y a criticarlos más que elogiarlos. Los niños necesitan más refuerzos positivos que negativos y esto puede afectar negativamente la confianza e imagen que los niños tienen de sí mismos.

Meta

Expresarle diariamente a los niños, y de diferentes maneras, nuestra aprobación.

Acciones

Observe la conducta del niño con el fin de elogiarlo. Los elogios deben ser por cosas específicas que el niño hace bien y no deben ser ni falsos ni exagerados.

Comentarios

Por medio de esta actividad los padres llegan a descubrir más cosas buenas de las que esperaban. Deben recordar que el elogio debe ser sincero y bien merecido. Las mentiras no funcionan. Un padre inventó un juego en el que él o su hijo lo iniciaban diciendo: "te digo una cosa linda de ti si tú me dices una de mí". Cuando la otra persona estaba lista para decir algo bueno, intercambiaban elogios. La reciprocidad de este juego le daba al niño la satisfacción de ser reconocido y la de proporcionar a otros esta misma satisfacción.

ESTRATEGIA #5: Planeación de las actividades familiares

Muchos padres tienen actividades divertidas e interesantes para los hijos pero aburridas para ellos. Lo único que disfrutan es ver cómo gozan o aprenden los niños. Aunque siempre habrá este tipo de actividades, hay otras en las que toda la familia puede gozar. Cuando estas actividades cumplen con una tarea, son instructivas, divierten a todos y permiten a los niños sentirse incluidos, ¡están matando a cuatro pájaros de un tiro!

Meta

Crear una actividad familiar que ayude a los niños a sentirse incluidos e importantes, como un proyecto para organizar la casa y eliminar lo inservible, o una venta de cosas usadas.

Acciones

1. Reunión familiar inicial: Haga que todos participen en el proyecto. Describa las tareas, las responsabilidades y la manera de dividir los ingresos. Dé fechas para terminar cada actividad descrita.

2. Haga una lista de todo lo que se va a vender. Cada persona por separado contestará:

   - ¿Qué cosas mías quiero vender?

   - ¿Qué cosas de la casa no me gustan?

   - ¿Qué cosas parece que nadie usa?

   - ¿Qué cosas no he usado durante más de un año?

   - ¿Qué cosas no estoy seguro que quiero seguir teniendo?

3. Una o más personas quedan asignadas a combinar la lista de cada quién en una lista general y a eliminar las repeticiones.

4. Reunión familiar para acordar qué cosas finalmente se van a vender.

5. Reuniones subsecuentes para planear los detalles de la venta y decidir quién hace qué, cuándo, dónde y cómo.

Comentarios

No es necesario que el proyecto sea una venta de cosas usadas en la cochera, podría ser arreglar la casa para eliminar cosas que no sirven y regalarlas a una institución de caridad. Si los niños participan además en la donación de los artículos, pueden aprender sobre la labor benéfica de la institución. Se puede hacer una fiesta familiar para festejar el fin del proyecto. Se pueden llevar a cabo regularmente otras actividades o proyectos con metas similares.

Además de sentirse incluidos e importantes, los niños aprenden a planear, resolver problemas y a trabajar en equipo y conversar mejor.

ESTRATEGIA #6: Establecimiento de las reglas familiares

Los niños se sienten más seguros cuando saben qué se espera de ellos y cuando las reacciones de los padres son consistentes y no están sujetas a los caprichos o al humor de cualquiera de ellos. Las reglas serán mejor aceptadas si fueron bien pensadas y si se fijaron tomando en cuenta la opinión de los niños.

Los padres frecuentemente tratan de evitar las discusiones porque les es más cómodo ejercer su poder de adultos y porque temen meterse en confrontaciones interminables en las que puedan "ceder" ante los hijos. Efectivamente, conforme los hijos crecen, quieren ser más independientes y más autónomos, lo que debería satisfacer a los padres, no atemorizarlos. Desafortunadamente, su inseguridad les hace tener miedo a perder el control y a dejar de ser quienes tengan la última palabra. Al final, lo único que logran son más conflictos. Además de querer ser independientes, los niños también tienen una fuerte necesidad de agradar a sus padres y sí pueden ser razonables. Por el otro lado, los padres con su ejemplo deben enseñar a los hijos a discutir sensatamente, a tomar decisiones, a transigir y a cooperar.

Meta

Desarrollar y decidir las reglas de conducta de la familia con la participación y planeación de todos.

Acciones

1. Junta familiar inicial: Discutir la familia como una unidad en el microcosmo de la sociedad en la que el respeto mutuo y la cooperación son necesarias para el crecimiento, la felicidad y la seguridad.

2. Junta(s) de seguimiento:

   • Discutir brevemente —no todo en una sola junta— los valores familiares relacionados con la educación, el aprendizaje, la salud, el trabajo, las relaciones personales, etc.

   • Dentro del contexto de los valores familiares, discutir la necesidad de tener reglas para el trabajo escolar, la tarea, la televisión, el teléfono, las comidas, la hora de acostarse, los pleitos, los quehaceres, etc. Tratar que los niños aprueben las reglas y las consecuencias de violarlas.

- Estas juntas se hacen con regularidad para evaluar cómo van las cosas y poder hacer los cambios necesarios.

Comentarios

Esta actividad puede ser muy útil para eliminar conflictos emocionales, constantes regaños, amenazas, castigos, frustraciones y finalmente el darse por vencido. Se debe recalcar que el plan original se basa en lo mejor que cada quien pudo aportar en ese momento y que habrá evaluaciones constantes. Esta actividad se debe empezar desde que los niños son muy pequeños para que aprendan y puedan en el futuro valorar y participar en entornos democráticos. Esta oportunidad no existe en las escuelas ni en familias en las que una persona tiene todo el poder. Debe quedar claro que la toma de decisiones no es por mayoría de votos y que en todos los casos los padres son quienes tienen la última palabra.

ESTRATEGIA #7: Creación de tradiciones familiares

La disolución de la familia norteamericana es un problema que afecta a todos los segmentos de la sociedad y necesita ser tomado en cuenta por todos los padres.

Meta

Crear eventos que combinen aspectos divertidos, interesantes, educativos y que se repitan regularmente para que se conviertan en tradiciones familiares.

Acciones

1. Los padres discuten con los hijos sus intenciones de crear eventos especiales que se repitan regularmente. La frecuencia y la fecha quedan por decidirse.

2. La familia genera una diversidad de ideas. Por ejemplo:

- Noches de carcajadas: cada uno debe de tener un chiste o historia cómica para leer.

- Noches de preguntas y respuestas: se usa un libro como el de Stock, Book of Questions for Kids. A cada persona le toca contestar una pregunta y luego hay una discusión familiar. (La descripción del libro está en el Capítulo 7.)

- Yo soy mi propio maestro: cada miembro de la familia dice algo que el día anterior hizo y no le gustó y ahora le gustaría "borrar". Simbólicamente lo coloca en una vasija y toca una campana o timbre. El proceso se repite pero ahora con algo que hizo bien y por lo que desea felicitarse. Nadie hace comentarios.

- Proyecto de regalos: promueve el concepto de "dar es mejor que recibir", o al menos igual de importante. Durante el año, en épocas en que la gente se da obsequios, hagan que los niños sean los que obsequian.

Comentarios

Algunas familias ya tienen sus propias tradiciones y con un poco de esfuerzo podrán agregar otras. Muchas tradiciones perduran durante los años de crecimiento y a veces hasta después. (Ver el anexo A para una lista de más de 150 actividades familiares posibles.)

ESTRATEGIA #8: Lecturas familiares o contar cuentos

Uno de los recuerdos que algunas personas atesoran de su infancia es la de sus padres contando o leyéndoles cuentos antes de dormir. Mi padre era muy bueno para contar cuentos y ésta es una tradición que seguí con mi hijo. Cada día terminaba con mi hijo metiéndose a la cama, yo contándole una historia, dándole un beso y un abrazo de buenas noches. Esta actividad es tradición en algunas familias, pero desafortunadamente no en tantas como uno quisiera. Es una manera excelente de concluir el día, tranquiliza y agrada a los niños además de motivarlos a leer o mejorar su habilidad de aprendizaje. Tampoco necesita mucha preparación ni planeación y puede continuarse durante toda la infancia.

Meta

Convertir la lectura en una actividad importante que permita a los padres e hijos relacionarse placentera y pacíficamente.

Acciones

1. Comiencen esta actividad desde que son bebés, primero contando cuentos y luego leyendo de un libro. Los bibliotecarios les pueden recomendar libros adecuados para cada edad.

2. Si hay varios niños, a veces pueden participar todos al mismo tiempo; se van turnando para leer, o los grandes le leen a los chiquitos.

Comentarios

En una escuela primaria de Los Ángeles, el director ordenó una hora diaria de lectura para enfatizar su importancia. Todo mundo —estudiantes, maestros, administradores y personal de mantenimiento y oficina— dejaba de hacer lo que estaba haciendo y leía durante 45 minutos. Al terminar, formaban grupitos de discusión. Había mucho interés en esta actividad. Conforme los niños van creciendo, ésta puede ser una actividad semanal, y tal vez algunas veces puedan leer todos el mismo libro.

ESTRATEGIA #9: Escuela de comida casera

Los padres pueden matar dos pájaros de un tiro en proyectos que son útiles y enseñan cosas que servirán durante mucho tiempo. Una de estas actividades es todo lo relacionado a la preparación de los alimentos, especialmente porque se repite varias veces al día.

Meta

Crear una miniescuela de cocina en la que los niños aprenden a tener responsabilidades y conocimientos cada vez mayores.

Acciones

1. Diseñar un programa sencillo de capacitación que cubra todas las actividades relacionadas con la preparación y el servicio de los alimentos.

2. Haga una lista de todas las funciones, de las más sencillas a las más complicadas, para los niños de todas las edades como: sacar cosas del refrigerador que necesita el cocinero, poner la mesa, abrir las latas, trabajos de mantenimiento como limpiar la mesa, guardar las cosas, lavar los platos, secarlos, barrer el piso, sacar la basura, preparar las verduras, preparar bocadillos y alimentos sencillos como botanas, sándwiches fríos, cereal frío y caliente, huevos cocidos, papas al horno, sugerencias para los menúes, preparación de menúes para diferentes comidas, servir a los invitados, hacer la lista de compras, ayudar en las compras,

hacer las compras solos, cocinar platillos fáciles y complicados.

- Dele a cada niño su título y su responsabilidad. Ejemplo: asistente de cocinero, jefe de mantenimiento, etc.

- Dé las instrucciones necesarias para cada trabajo antes de que empiecen a hacerlo.

Comentarios

Conforme los niños aprenden a hacer más cosas y a ser más útiles, van ganando confianza e independencia y facilitan el trabajo de los padres, especialmente cuando los padres están solos o cuando ambos trabajan. Si algunos niños ya hacen algunas de las anteriores tareas, pueden aprender y tomar nuevas responsabilidades.

ESTRATEGIA #10: Análisis familiar del significado e importancia del respeto

Los niños aprenden de los ejemplos que ven. Pueden aprender qué hacer y qué no hacer si tienen suficientes ejemplos, si saben lo que están buscando y si pueden reconocer y comprender por qué algo es positivo o negativo.

Meta

Comprender y preferir la conducta respetuosa a la irrespetuosa por medio del diálogo y de la observación.

Acciones

1. Los padres discutirán el objetivo de la actividad y definirán cuál es la conducta respetuosa y la irrespetuosa usando los ejemplos del capítulo 1.

2. Durante un cierto plazo —por ejemplo, una semana— todas las personas deben anotar ejemplos de conducta respetuosa o irrespetuosa que observen en: la escuela, en casa, en la televisión o cuando juegan. Al fin del plazo, los miembros se reúnen para discutir sus observaciones y conclusiones.

Comentarios

Esta actividad se puede repetir en diferentes épocas del año y es otra oportunidad que tienen los padres de compartir sus valores con sus hijos. De vez en cuando los padres e hijos pueden tomar nota de su propia conducta respetuosa o irrespetuosa y discutirla en grupo.

ESTRATEGIA #11: Cuidado personal de los padres

Para crear un ambiente familiar relajado, feliz y positivo, los padres necesitan evitar extenuarse. Si olvidan sus propias necesidades por estar tan ocupados cuidando a los niños, se sentirán muy tensos, con menos energía y alegría y dejarán de ser eficaces con sus hijos. Los padres deben de nutrirse y cuidarse a sí mismos tal como lo hacen con sus hijos.

Meta

Encontrar actividades que satisfacen las necesidades personales de los padres y preparar un plan para llevarlas a cabo.

Acciones

1. Repasar las cosas que anhelan hacer, como socializar, hacer ejercicio, practicar un deporte, viajar, practicar algún pasatiempo, estudiar, leer, hacer trabajo voluntario, etc., y elegir las que tienen prioridad.

2. Pensar cuánto tiempo tomaría una de estas actividades: ya sea solo, en pareja, con amistades. En cada caso

decidir si se desea dedicarle en el futuro el mismo tiempo, menos o más tiempo. (Use el anexo D para esta encuesta.)

3. Con los datos de los pasos 1 y 2, hacer un plan tentativo para un cierto plazo (1, 3, 6 ó 12 meses) para programar las actividades elegidas que tienen prioridad.

4. Semanalmente analizar qué tan bien está funcionando el plan para el cuidado personal. (Usar el anexo E para esta actividad.)

Comentarios

Los padres frecuentemente relegan sus necesidades personales porque tienen muy poco tiempo para satisfacerlas. Es muy importante, por lo tanto, que conscientemente dediquen algo de tiempo para estar solos, en pareja y con sus amistades. Si, además tienen un plan, se podrán enfocar mejor en sus ambiciones personales y tendrán mayores posibilidades de lograrlas. Conforme aprenden a analizar mejor su propia conducta, podrán hacer ajustes hasta llegar a una situación balanceada y realista.

ESTRATEGIA #12: Participar en un grupo de apoyo
                para padres

Los padres pueden ampliar su concepto sobre el hecho de ser padres cuando discuten sus experiencias con otros padres y, además de obtener consejos prácticos, intercambian opiniones y se apoyan entre sí en diferentes maneras.

Meta

Crear un grupo de padres que se ayuden entre sí a ser más eficaces, tener menos tensiones y gozar más.

Acciones

1. Uno o más padres invitan a otros a reunirse para discutir los objetivos, la composición, los procedimientos del grupo y para establecer un programa regular de reuniones.

2. El grupo puede empezar con dos o tres miembros. No hay que esperar hasta alcanzar un cierto número de personas.

3. Además de compartir ideas y experiencias, se pueden incluir otras actividades benéficas, como el cuidado de niños, transportación compartida, línea telefónica para urgencias, intercambio de ropa infantil o libros, préstamo de equipos, guardería en cooperación, clases privadas, etc.

Comentarios

Los padres que han participado en dichos grupos comentan que los miembros se vuelven muy buenos amigos y funcionan frecuentemente como una gran familia. El grupo los ha ayudado a estar menos tensos y a ser mejores padres.

En síntesis

Las estrategias presentadas en este capítulo no son la solución a todos los problemas. Son modelos que los padres pueden adoptar, modificar o mejorar. Hay que tener en cuenta que los padres tienen una gran cantidad de exigencias y presiones y que no tienen que hacer todo inmediatamente para cumplir profesionalmente con sus funciones.

Todo empieza con tomar las decisiones descritas al principio de este capítulo, que son la base para ser unos padres profesionales. Los padres se comprometen conscientemente a (1) satisfacer las cinco necesidades básicas de los niños, (2) tratar de lograr un estilo de vida balanceado que no desatienda sus propias necesidades personales, y (3) lograr lo anterior aplicando los cuatro elementos del profesionalismo. Lo que se necesita básicamente para poner esto en práctica se encuentra en las estrategias números 1, 2, 3 y 11. Si los padres implementan tan sólo estas cuatro estrategias, cambiarán muy positivamente a sus hijos . . . ¡y a ellos también!

La estrategia #1 permite revisar continuamente las cinco necesidades vitales. Con el tiempo, los padres tratan de satisfacer estas necesidades ya sin proponérselo cada vez que se relacionan con sus hijos. Las estrategias #2 y #3 ayudan a los padres a estar conscientes de sus propia conducta y a la familia de su propia dinámica. En la estrategia #2 los padres llevan un diario para identificar qué cambios son necesarios para lograr resultados positivos. En la #3, toda la familia se junta para averiguar qué es lo que está interfiriendo o ayudando a llevar una vida feliz y productiva. La estrategia #11 proporciona un marco de referencia para que los padres puedan satisfacer sus propias ambiciones como padres y como personas. Estas cuatro estrategias, sumadas a las otras descritas en el capítulo, permiten cumplir feliz y eficientemente las funciones de los padres durante toda su vida.

En todos los casos, los padres tienen herramientas sencillas para evaluar cómo marchan las cosas y qué hay que hacer para mejorarlas. Cada uno se deberá preguntar: "¿Qué he aprendido sobre mí mismo y mis hijos?", "¿Hay algo que ahora pueda hacer diferente?". La familia como grupo se hará las mismas preguntas. Para preparar un plan general para 3, 6 ó 12 meses se pueden usar el anexo F (Encuesta de las actividades familiares) y el anexo G (Evaluación de las actividades familiares).

En los anexos B y C los padres anotan diaria y semanalmente (1) las áreas que les preocupan acerca de sus hijos y (2) cualquier pregunta que tengan sobre la conducta y las actitudes de sus hijos o propias. El anexo H, Encuesta sobre el bienestar de los niños, es para que los padres evalúen cómo van progresando los hijos en la vida. Cada cónyuge deberá llenarlo por separado (semanal o mensualmente) y luego discutir lo que anotaron. Si hay alguna pregunta o duda, los padres pueden planear qué hacer o buscar información de diferentes fuentes, como libros, otros padres, maestros, asesores escolares, sicólogos infantiles, y otros especialistas en salud mental.

Con estas herramientas tangibles los padres se mantienen alertas y saben qué es lo que pasa y no pasa en la familia.

Además de satisfacer las necesidades vitales de los niños y de fortalecer los lazos familiares, entre otros beneficios, con estas actividades los niños progresan en la lectura y escritura, mejoran su capacidad para resolver problemas y otros aspectos afectivos e intelectuales. Son también oportunidades para divertirse, relajarse, experimentar, tener nuevos retos y aventuras y para enriquecer considerablemente la vida familiar.

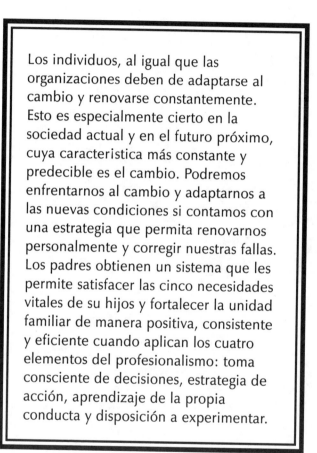

Los individuos, al igual que las organizaciones deben de adaptarse al cambio y renovarse constantemente. Esto es especialmente cierto en la sociedad actual y en el futuro próximo, cuya caracteristica más constante y predecible es el cambio. Podremos enfrentarnos al cambio y adaptarnos a las nuevas condiciones si contamos con una estrategia que permita renovarnos personalmente y corregir nuestras fallas. Los padres obtienen un sistema que les permite satisfacer las cinco necesidades vitales de su hijos y fortalecer la unidad familiar de manera positiva, consistente y eficiente cuando aplican los cuatro elementos del profesionalismo: toma consciente de decisiones, estrategia de acción, aprendizaje de la propia conducta y disposición a experimentar.

Cómo solucionar los obstáculos y tomar el mando

(Manténganse enfocados y con una vida equilibrada)

El proceso para volverse padres profesionales no se presenta sin dificultades. Teniendo esto en cuenta, amerita repasar con mayor detalle ciertos temas previamente discutidos para prepararnos mejor para anticipar, evitar o solucionar ciertos obstáculos y problemas que con seguridad surgirán.

Obstáculos

LA SENSACIÓN DE ESTAR ABRUMADO

Uno de los problemas que los padres mencionan con frecuencia es el de la tensión. Los padres se sienten abrumados, con demasiadas cosas que hacer, frustrados o extenuados. Muchos se preguntan con un tono de impotencia de dónde van a sacar tiempo para hacer todo lo que tienen que hacer, como una madre que se quejaba: "¿Cómo voy a implementar todas estas ideas maravillosas cuando no tengo ni tiempo suficiente para preparar una comida decente o para lavar la ropa?". Estos problemas se agravan cuando ambos padres trabajan o cuando el padre o la madre están solos.

Además de la carga normal de trabajo, una gran cantidad de energía se desperdicia en preocuparse. Golda Meier, la anterior Primera Ministro de Israel, en su autobiografía habla acerca de las preocupaciones, de la culpa y las tensiones que tenía debido a que se conflictuaban las exigencias laborales con las familiares. Cuando estaba trabajando, se preocupaba por sus hijos y, cuando estaba en casa, se preocupaba por el trabajo. En tales situaciones es inevitable preocuparse un poco, aunque por el bien de nuestros hijos y el nuestro, no podemos permitir que las preocupaciones nos agobien.

LA PLANIFICACIÓN POSTERGADA

El sentido común nos dice que cuando hay más cosas que hacer que tiempo, algo tiene que quedar afuera. Deberemos decidir qué es lo que eliminaremos, porque si lo dejamos al azar seguiremos sintiéndonos agobiados por todo lo que no pudimos hacer, aunque en primer lugar nos hubiera sido imposible hacerlo. Algunas veces los niños son quienes terminan siendo los relegados, otras veces, los padres, pero al fin y al cabo, la familia siempre es la que sufre.

LA RESISTENCIA A LA PLANIFICACIÓN

La situación descrita anteriormente necesita planificarse. Se deben establecer las prioridades, asignar responsabilidades y plazos, simplificar la vida y tomar decisiones conscientes. Para este tipo de planificación no es necesario ser un sabio, los padres pueden hacerlo intuitivamente. Algunas de la razones por las que casi nunca lo hacen son:

Acondicionamiento cultural

Nuestra cultura valora más el actuar que el planificar. Cuando participaba como asesor de escuelas y empresas en juntas de planificación, frecuentemente escuchaba a un administrador o director decir que había que terminar la reunión cuánto antes para que todos regresaran a trabajar. La planificación no la consideraban como trabajo. Podemos entender que planificar no sea tan satisfactorio como hacer algo que inmediatamente permite ver el resultado de nuestros esfuerzos. Sin embargo, la verdad es que —a diferencia de lo que un padre dijo: "No tengo tiempo para planificar, ya estoy demasiado atrasado"—, entre más ocupado estamos, con más cuidado debemos planificar porque, aunque toma tiempo, ahorra muchísimo más.

El mito de la espontaneidad

También existe el mito de la espontaneidad. Algunas personas se sienten acorraladas por un plan u horario. Detestan estar maniatadas por una estructura y prefieren ser espontáneas. Sin un plan, estas personas tienden a reaccionar ante cualquier cosa que se les presente en el momento y no de acuerdo a las prioridades. Consecuentemente, a veces se ocupan de lo menos importante y relegan lo importante. La consistencia —algo tan necesario para los niños— queda sacrificada. El objetivo de la planificación es asegurarse que siempre uno se ocupe de las cosas importantes a tiempo.

La planificación no interfiere para nada con la espontaneidad, ni con la inspiración o la intuición. Si sucede algo que nos hace querer desviarnos, debemos recordar que el plan es nuestro y que podemos hacer lo que queramos. De hecho, un plan fomenta la espontaneidad porque sabemos que siempre podremos regresar a la seguridad de una estructura básica.

Stanislavski, el famoso director de teatro ruso, en una ocasión le recomendó a sus actores que más valía que dominaran las técnicas básicas porque la inspiración no es algo que se diera a menudo. Esto contradice la falsa idea que tienen las personas sobre la manera de trabajar de los artistas y otras personas creativas. En vez de ser indisciplinadas, son las más disciplinadas del mundo. Una vez alguien le preguntó a un compositor muy famoso cuándo es que componía, y él contestó: "de nueve a cinco".

Las ventajas de estar agobiado

Por más que protestemos y nos quejemos de estar agobiados, creo que muchos de nosotros inconscientemente nos colocamos en esta situación por las ventajas secretas que ofrece. Por un lado, permite que nos sintamos como mártires y que la gente nos tenga compasión. Es probable que nos exijan menos por estar agobiados de trabajo y que no nos culpen si cometemos errores o se nos olvida algo, pues ¡con tanto trabajo no se puede esperar más! Esta es la razón por la que a veces derrocamos inconscientemente nuestros esfuerzos para planificar, organizarnos y hacer que las cosas funcionen.

EL EXCESO DE SERIEDAD

Tendemos a tomarnos las cosas con demasiada seriedad, especialmente a nosotros mismos. Aunque esta actitud probablemente llega al colmo cuando nace nuestro primer hijo, nunca desaparece por completo. A veces pecamos de escrupulosos y cuando tomamos decisiones, agonizamos como si la vida de nuestro hijo dependiera de cada una de ellas. Si todo está bien hoy, nos preocupamos por mañana y si pudiéramos, viviríamos la vida de nuestros hijos para evitarles cualquier dolor o sufrimiento. Con todas estas preocupaciones, lo único que logramos es crear un ambiente pesado que suele ser una carga para nosotros y para nuestros hijos.

Necesitamos alivianarnos, no ser tan dramáticos y empezar a disfrutar la vida. Hay que crear un ambiente familiar lleno de dicha y carcajadas, salpicado con las boberías de la vida diaria. A veces nos olvidamos de los beneficios de la risa, de cómo fortalece al sistema inmunitario, combate las enfermedades y da un tono chispeante a nuestras vidas.

Los niños —y a veces también los adultos— son muy chistosos. Chicos y grandes nos haríamos un gran favor si en casa tratáramos de reírnos más y dejáramos de tomar todo tan en serio. A los niños les encanta ver a sus padres reír, especialmente cuando son capaces de reírse de sí mismos.

LAS EXPECTATIVAS IRREALES

Cuando estamos implementando un cambio o haciendo algo nuevo, muchas veces nos sentimos desilusionados o desmoralizados cuando no salen bien las cosas o no obtenemos inmediatamente los resultados que buscamos —aunque por experiencia sabemos que el mundo no funciona así—. Aunque es muy frustrante hacer planes que incluyen a toda la familia y a último momento uno de los niños se niega a participar, o cuando uno de los hijos se opone totalmente a aceptar un cambio en la rutina del hogar, o cuando su conducta está causando un conflicto familiar, éstos no son momentos para desmoralizarse.

Las familias, al igual que los grupos, las organizaciones, las ciudades y las naciones, avanzan y se detienen, dan dos pasos para adelante y uno para atrás. Cuando decimos que una actividad o estrategia es constante, no significa que siempre sucede. A veces la solución de un problema crea otro; a veces parece que nada funciona.

Necesitamos comprometernos a la idea de que no abandonaremos una filosofía, una estrategia o una buena idea simplemente porque nos topamos con obstáculos o porque se cometen errores. Éstos vienen con el territorio.

Cómo tomar el mando de la vida

¿Qué deben hacer entonces los padres? ¿Cómo van a lograr hacer todo en tan poco tiempo? La solución está en tomar el mando de la vida propia, en reconocer que algunas de las presiones actuales son auto impuestas e innecesarias y en prepararse para dejar de estar sobrecargados. El primer paso es eliminar las presiones. Independientemente de cuánto hay por hacer o qué tan limitados son los recursos, siempre habrá decisiones que tomar pero, una vez tomadas, la tensión se reduce considerablemente.

Aunque algunos padres nunca tienen tiempo para respirar, otros se cruzan de brazos; la meta es tener hasta dónde se puede cumplir. Convertirse en padres profesionales significa ser padres más conscientes. Significa que saben que cuando se sienten agobiados es porque están abarcando demasiado y apretando poco, que son ineficaces y que no están tomando decisiones, probablemente las más difíciles. Las siguientes sugerencias les permitirán dar los pasos necesarios para tomar el mando de sus vidas.

PREPARAR UNA LISTA DE COSAS POR HACER

Llevar en la mente todos los detalles de lo que tienen o quieren hacer, es agotador e inútil. El primer paso es hacer una lista con todo lo que creen (o imaginan) que deben hacer durante los siguientes 90 días. Apunten rápidamente todo lo que se les ocurra, sin detenerse a analizar cada cosa. Si con una mirada su lista muestra que anotaron más cosas que tiempo disponible —que es lo que casi siempre sucede—, reconsideren su situación y eliminen todo lo que no es esencial. Tal vez quieran hacer otra lista de actividades futuras.

DECIDIR LAS PRIORIDADES Y LOS HORARIOS

Es ahora cuando necesitan decidir conscientemente cuáles actividades son las más importantes, las que no se pueden descuidar, posponer o hacer a medias. Elijan lo que creen que tiene que quedar hecho de aquí a 30 días.

Teniendo en cuenta su situación familiar, su propia conducta y la actividad misma, preparen un calendario de 30 días para asignar días específicos y bloques de tiempo para cada tarea. Analicen inteligentemente cuáles son los mejores días y horas para hacer cada cosa eficientemente.

Cuando el plan se hace por escrito, frecuentemente se da uno cuenta de que no hay suficiente tiempo para todo lo que se tiene en mente. En estos casos, lo que hay que hacer es asignar más tiempo o eliminar algo del programa.

ASIGNAR TIEMPO ADICIONAL

- *Aumentar las horas de trabajo.*
  Desafortunadamente muchos padres tratan de dormir menos horas, ya sea acostándose más tarde o levantándose más temprano. Esto es contraproducente porque sólo lograrán sentirse más abrumados. Lo mejor es optar por una o más de las siguientes soluciones.

- *Ganar tiempo simplificando la vida y administrando mejor el tiempo.*
  Si siguen a una persona durante todo el día, descubrirán cuánto tiempo desperdicia, mucho más de lo que uno

cree. Este desperdicio de tiempo es uno de los motivos que causan angustia. Por ejemplo:

- Demasiados viajes para gestiones o encargos que pueden combinarse
- Desidia
- Llamadas telefónicas innecesarias, locales y de larga distancia
- No preparar las cosas para el día siguiente
- Aceptar hacer algo que no se quiere o no se necesita hacer
- No concentrarse en una cosa a la vez y acumular una serie de cosas a medio terminar
- No fijar las prioridades
- Demasiadas distracciones

• *Dejar de hacer algunas cosas con minuciosidad o frecuentemente.*
No todo tiene que hacerse con tanta minuciosidad o frecuencia. Alguna actividad familiar puede ser quincenal en vez de semanal, pueden hacer la limpieza general profunda una vez al mes en vez de cada semana, o comprar los víveres sólo una vez a la semana, etc.

• *Delegar.*
Hagan que el cónyuge, los hijos y otros parientes (abuelos, hermanos, etc.) ayuden. El ser padre es una responsabilidad de tiempo completo, pero los padres no son los únicos que pueden atender y hacer el quehacer. Compartir las responsabilidades de la casa con los niños tiene muchos beneficios. Además de aliviar la presión de los padres, es una oportunidad para que los niños

aprendan ciertas habilidades y se sientan importantes. Los demás parientes también pueden ayudar cuidando a los niños, con las labores escolares y muchas otras cosas.

- *Trocar.*
  Intercambien ayuda con alguien, por ejemplo: al mismo tiempo que ustedes cuidan a sus hijos, cuiden los del vecino que a trueque él haga lo mismo.

- *Pagar por la ayuda.*
  Cuando sea económicamente posible, páguenle a alguien para que haga ciertas tareas que les reduzca la carga de trabajo o les permita tener algo de tiempo libre. Hasta cuando el dinero es un problema, el sacrificar alguna cosa para facilitar el mantenimiento del hogar o el cuidado de los niños, es algo que vale la pena considerar.

- *Conocer a nuevas personas.*
  Formen o únanse a un grupo de apoyo en el que los padres se ayudan entre sí, se turnan ciertas tareas y se apoyan de diferentes maneras.

- *Reducir las preocupaciones innecesarias.*
  Dejen de desperdiciar energía mental en preocuparse innecesariamente por los hijos. Es cierto que el mundo está lleno de peligros y que hay mucho de qué preocuparse. Por otro lado, pueden hacerse la vida miserable preocupándose 24 horas al día a lo tonto. Se sentirán menos preocupados si distinguen cuáles son las actividades de alto y bajo riesgo y reconocen que, porque algo es posible, no significa que sea probable. Concentren sus esfuerzos en las áreas de alto riesgo y alta probabilidad, y dejen de preocuparse, o preocúpense menos, con las de bajo riesgo y baja probabilidad.

- *Disminuir las falsas emergencias, interrupciones y distracciones.*
Algunas interrupciones y distracciones se dan por nuestra falta de disciplina y podemos eliminarlas si nos decidimos a hacerlo. Es cierto que algunas emergencias e interrupciones son inevitables y que deben atenderse inmediatamente, pero otras no lo son y pueden esperar. Los padres deben saber diferenciar una de la otra.

(En el capítulo 7 se describen dos libros excelentes que tienen abundantes ideas para ahorrar tiempo: The Familiy Manager's Guide for Working Moms de Kathy Peels y Simplify Your Live with Kids de Elaine St. James.)

PLANIFICACIÓN Y REVISIÓN CONSTANTE

Dado que es posible ser padres sin tener que dividirse en mil pedazos, pueden entonces preparar inteligentemente un plan que sea más realista, menos angustioso y más productivo, evaluar los resultados e ir haciendo los ajustes necesarios. Al hacer la evaluación deberán revisar qué cosas se hicieron de acuerdo a lo planificado y si hay que hacer cambios o modificaciones. Con el tiempo, entre más apliquen este proceso, les será más sencillo y lo harán cada vez mejor.

En síntesis

Siempre habrá conflictos entre las cosas que se necesitan hacer para la familia, para la profesión y para el crecimiento y para el cuidado personal. Desafortunadamente el tiempo es limitado y jamás podrán hacer todo, aunque quisieran. Pero si cuentan con una estructura que les permita decidir inteligentemente qué se puede cambiar, modificar o aceptar, el trabajo se facilitará aunque nunca llegará a ser fácil. Para esto se requiere disciplina, práctica y perseverancia, pero bien vale la pena. Después de todo, si les funciona, ¡pueden dar marcha atrás y volver a estar abrumados!

Por último, no importa qué tan bien estén controlando su vida, siempre habrá momentos en los que se sentirán agobiados. En estos casos, sugiero que consideren el consejo que me dio una mamá: "Cuando siento que el mundo se me cae encima —tengo platos en el fregadero, la comida sin preparar, las compras sin hacer, la casa un tiradero, el niño llorando, me duele la espalda y quiero gritar— he aprendido a detenerme. Respiro profundamente y me pregunto: '¿ahora, qué es lo más importante?'. Luego, en la sala me siento con mi bebé, descuelgo el teléfono y no haga nada por un rato. Es sorprendente cómo las cosas toman su lugar después de eso".

Consecuencias para las familias y las escuelas

(Cómo *crear y ampliar* *el sentido de comunidad)*

Las familias

UN SENTIDO DE COMUNIDAD

Lo ideal es que las familias funcionen igual que los mejores equipos del mundo, con *esfuerzo* de equipo, *funciones* de equipo y *trabajo* en equipo. En estos casos todo los miembros (a) unen sus esfuerzos para el bien del grupo, (b) desempeñan sus funciones en coordinación con los demás apoyándose mutuamente y (c) cada uno hace una parte del trabajo y subordina sus intereses personales para el mayor rendimiento del grupo. La realidad es que algunas familias parecen identificarse más con otra definición de equipo: yunta de animales tirando el mismo vehículo.

Un conferenciante, durante una conferencia nacional sobre educación, comentó: "El problema que tienen muchas de nuestras ciudades es que son campamentos de extraños y no de comunidades". Este problema también se encuentra en muchas familias. Con demasiada frecuencia, en las sociedades modernas, altamente tecnificadas y complejas, las familias no siempre desarrollan un sentido de comunidad y los hijos se pierden en la aceleración. Para crear un sentido de comunidad, las familias necesitan involucrarse unas con otras, hacer cosas juntas.

Las familias que hacen cosas juntas desarrollan la camaradería y la cohesión y, si estas actividades son además divertidas y entretenidas, se crea un ambiente positivo. Las familias que hacen cosas que motivan a sus miembros a pensar, a hacer preguntas y expresarse a sí mismos, se convierten en comunidades de aprendizaje. Las familias que constantemente hacen cosas juntas crean tradiciones, y las familias con tradiciones desarrollan un sentido sólido de comunidad porque demuestran el cuidado, el apoyo y el respeto mutuo que se tienen. Los niños de estas familias son más resistentes a las influencias negativas externas, y más sensibles a las influencias positivas de las personas que tienen un papel ejemplar dentro de la familia. Estos chicos, al crecer, se convierten en ciudadanos emocionalmente sanos dentro del hogar, en la escuela y en la sociedad en general.

Valores medulares

La fuerza de la familia emana de los padres y de sus convicciones. Si no cuentan con una filosofía coherente, una estrategia o técnica para criar a los niños, y si sus valores no están definidos, la conducta de los padres será inconsistente y confusa. Le corresponde a los padres ser quienes definan sus propios valores y quienes los enfaticen dentro de la familia. Si tomamos en cuenta que los valores familiares los comparten todos los miembros de la familia, entonces veremos por qué, bien vale la pena luchar por conseguirlos.

Cuando se adoptan las cinco necesidades vitales como parte integral de los valores medulares de la familia, se crea una estructura que evalúa la efectividad de los padres y los conduce cada vez que se relacionan con sus hijos. Además, los padres, cuando se tratan de tal manera que satisfacen sus propias cinco necesidades, son un ejemplo de conducta amorosa para sus hijos. Y si fuera poco, cuando les hacen saber a sus hijos que ellos también tienen las mismas necesidades y les demuestran su aprobación cada vez que su comportamiento satisface estas necesidades, entonces es cuando empiezan a convertirse en verdaderos valores medulares. Los niños están siendo estimulados para empezar a pensar, no sólo en lo que se está y no se está haciendo con y para ellos, sino también en el impacto que su conducta tiene en otras personas.

Ya que estas cinco necesidades representan un concepto que puede aplicarse a todas las relaciones y transacciones entre las personas, la comprensión y la apreciación que los hijos y los padres tienen de estas necesidades definitivamente aumentarán con el tiempo. Los niños pueden aprender hasta qué punto su conducta puede modificar positivamente, no sólo a sus hermanos y padres, sino también a otros parientes, amigos, maestros, conocidos, y casi a todas las personas con las que tienen contacto. No sólo se fortalece el sentimiento de comunidad entre los miembros de la familia, sino que se incorporan también otras áreas de la sociedad, y se amplía la visión que tienen los chicos de la *comunidad*.

El sacrificio y cuidado personal

Casi todo mundo estará de acuerdo en que ser padre implica sacrificio y negación personal. Sin embargo, cuando éstos se exageran, se perjudican tanto los padres como los hijos. Si nos obsesionamos con nuestras responsabilidades de padres, al grado de estar constantemente tensos, exhaustos o irritables, nos estaremos dañando a nosotros mismos, a nuestros hijos y probablemente al matrimonio. No es necesario que siempre estemos haciendo cosas para y con nuestros hijos. Si los dejamos *solos a ratos* para que ellos mismos se entretengan en algo que los divierte, interesa, satisface su curiosidad y les permite descubrir cosas nuevas, estaremos ayudándolos a madurar. Con frecuencia, lo que los niños recuerdan de su niñez es si el ambiente de su casa era tenso, lleno de preocupaciones y confusión, o si al contrario, les gustaba estar con sus papás porque eran divertidos y la casa era un lugar relajado y alegre.

Así como es importante cuidar a nuestros hijos, es igualmente necesario cuidarnos a nosotros mismos, como personas que somos. Ambas cosas están íntimamente relacionadas. Es cierto que los padres se necesitan sacrificar por sus hijos pero no al punto de negar todas sus metas ni deseos personales. Necesitamos aprender cómo sacrificarnos sin llevarnos al matadero. Para algunos, esto significa tener que quedarse en casa todo el tiempo, para otros, tomar un trabajo de medio tiempo o tiempo completo. Sea lo que sea, todos deben encontrar un momento para poder dedicarlo a sus intereses personales sin sentirse culpables, ya sean reuniones sociales, viajes, deportes, ejercicio, lecturas, momentos de soledad, trabajo voluntario o de beneficencia.

De las palabras a los hechos

Como bien sabemos, las ideas y las convicciones nobles no son suficientes, hay que ponerlas en acción. Ya que la mayoría de los padres tienen más cosas que hacer que tiempo disponible, es muy fácil dirigir la energía a lo que parece ser más urgente, o a lo que nos atrae y gusta más. Si no se asigna tiempo específico para las actividades familiares, se empleará inevitablemente en otras cosas, y los padres seguirán funcionando como siempre, a salto de mata.

Otro de los valores medulares es actuar para que las cosas se hagan realidad y no dejarlas a la casualidad. Para esto, es necesario tomar decisiones conscientes y comprometerse a lograr un sentido sólido de comunidad. La planificación evita que sigamos corrigiendo con amenazas, castigos y regaños, según se van presentando los problemas. El nuevo enfoque está en crear un ambiente familiar positivo, con un énfasis en actividades que satisfacen a padres e hijos.

Los padres necesitan buscar inteligentemente todo el balance posible entre la profesión y el hogar, entre el trabajo y la diversión, entre estar solos y acompañados, para poder llegar a ser una familia emocionalmente sana y con un sentido sólido de comunidad.

LOS PRIMEROS CINCO AÑOS DE VIDA

Muchos padres primerizos están tan emocionados y felices cuando nace su bebé que no se dan cuenta de la complejidad y magnitud de sus responsabilidades. Sin embargo, pronto se dan cuenta de la realidad: 24 horas diarias de constante responsabilidad y cuidados para el recién nacido.

Cuando se preparan para el nacimiento del bebé, a veces los padres aprovechan muy bien el tiempo tomando clases durante varios meses, discutiendo en grupos y leyendo. Entonces es cuando se enteran de algunas de las dificultades que enfrentarán y tratan de evitarlas con dietas, ejercicios de relajación y acondicionamiento físico. La preparación para satisfacer las cinco necesidades vitales de los niños también debería empezar desde el embarazo, y la conducta que satisface estas necesidades emocionales, desde el nacimiento.

Dado el consabido acuerdo entre los expertos sobre la importancia de los primeros años de vida para el desarrollo saludable de los niños, darles el mejor inicio posible debería ser una de nuestras principales consideraciones.

Se pueden pedir dos herramientas muy útiles para los nuevos padres, *The First Years Last Forever,* ya sea en folleto (gratis) o en video ($5.00) llamando al 1-888-447-3400. Estas fueron parte de la campaña *I Am Your Child*, creada por Michele y Rob Reiner. Ambas se encuentran en inglés y español.

LOS HIJOS ADOLESCENTES

Cuando se adoptan las cinco necesidades y las técnicas para ser padres profesionales desde que los niños son muy pequeños, se reducen increíblemente los problemas que los padres tienen cuando los hijos llegan a la adolescencia. Sin embargo, aunque se empiecen a implementar tarde, se pueden cosechar beneficios. Los adolescentes llegan a aceptar que sus padres no son sus enemigos y que antes de irse a acostar no se sientan a hacer una lista de "cómo hacerle mañana la vida miserable a mi hijo". Todo lo contrario, los niños aprenden que los padres tienen las mismas cinco necesidades vitales que ellos y que, aunque casi siempre buscan lo que es mejor para sus hijos, a veces se equivocan.

Una vez que comprenden y aceptan que sus padres no son perfectos, los adolescentes pueden aprender a solucionar las diferencias y los conflictos, no con berrinches, escándalos, humillaciones o insultos de padres o hijos, sino hablando, llegando a un compromiso y, en ocasiones, aceptando la autoridad de los padres.

Los hijos pueden aprender que si ayudan a sus padres a satisfacer estas necesidades, se llevarán mejor y tendrán más probabilidades de conseguir lo que quieren. Por ejemplo, si entienden que los padres necesitan estar seguros de que no corren riesgos, entenderán que simplemente decir "te prometo que no voy a tener un accidente" no sirve para nada, y menos para conseguir el permiso que quieren. Pero, si explican las medidas de seguridad que tomarán y piden sugerencias a sus padres, tendrán mejores resultados.

Los padres tienen la responsabilidad de comunicar sus necesidades para que los adolescentes las entiendan y no tengan que estar descifrando mensajes contradictorios. Los jóvenes se sienten más seguros si observan que la mamá y el papá tienen las mismas ideas sobre la educación de los hijos y que, cuando se relacionan con sus hijos y entre ellos, siempre buscan satisfacer las cinco necesidades vitales. Es también muy importante que los padres comuniquen más sus sentimientos y sus valores a los niños y que dejen claro qué trato esperan de ellos.

Una de las metas y beneficios que se esperan de vivir en un ambiente familiar positivo que enfatiza la satisfacción de las necesidades de los demás, es que todos los niños, no sólo los adolescentes, dejen de ser egoístas. Los niños aprenden la importancia y el valor de relacionarse con sus padres, hermanos y otras personas en una forma que ayude a satisfacer las principales necesidades emocionales de todos.

OTRAS PERSONAS IMPORTANTES

Una de las preocupaciones de los padres es lograr que las otras personas —como los abuelos, maestros, personal de guarderías, hospitales o niñeras— traten a sus hijos de acuerdo con sus metas. Los padres pueden usar su propia filosofía fundamental como una guía para observar a estas personas y sugerirles cómo pueden ayudarlos a satisfacer mejor las necesidades familiares.

FAMILIAS DE MADRES O PADRES SOLOS

Muchos de los temas discutidos en este libro aplican a las familias compuestas únicamente de un padre o una madre. En muchos aspectos, debido a las presiones que tienen este tipo de padres, es aún más importante que se apoyen totalmente en esta filosofía fundamental de las cinco necesidades para obtener una estructura que les permita relacionarse consistente y positivamente con sus hijos. También es muy recomendable que se relacionen con otros padres (por ejemplo, un grupo de apoyo para padres como los mencionados en el capítulo 4, estrategia #12).

PADRES EN SEGUNDAS NUPCIAS

Con la alta tasa de divorcios y nuevos matrimonios, el ser padrastro o madrastra es algo que hay que considerar. A muchos padrastros e hijastros de ambos sexos se les dificulta y les incomoda esta relación. Además de las tensiones inherentes de un segundo matrimonio, se sienten molestos y frustrados por vivir con el hijo de alguien más. En estos casos, la estructura de las estrategias descritas en el capítulo 4, ayudan a los padrastros a desarrollar una relación más efectiva y cómoda con los hijos del cónyuge. (Ver el capítulo 7 para información sobre el libro sobre este tema de Jeannette Lofas, *Stepparenting: Everything You Need to Know to Make it Work!*)

EN SÍNTESIS

Se habla mucho ahora sobre los valores familiares y el sentimiento de comunidad. Parecería que todo mundo está de acuerdo sobre la importancia de estos valores, aunque cada quien interpreta los detalles de diferente manera. Por ejemplo, los medios publicitarios muestran una situación familiar y luego debaten si están a favor o en contra de los valores familiares. A veces escuchamos los debates en la radio, los vemos en la televisión o los leemos en el periódico, pero generalmente como espectadores, no como participantes.

Para crear una familia y un sentido de comunidad hay que agarrar al toro por los cuernos. Ya sea que su familia sea o no tradicional, con uno o dos padres, con hijos propios o con hijastros, necesitarán tener una idea clara de cómo quieren que sea su vida familiar y dedicarse a lograrlo. Para tener resultados se requiere básicamente una guía, tiempo y esfuerzo. El tiempo y las actividades con los niños no deben dejarse al azar, se deben planificar para que sean frecuentes y valiosas.

Al mismo tiempo, los padres deben cuidarse a sí mismos y asignar tiempo para sus actividades, solos o en pareja. No es posible enfatizar demasiado la necesidad de crear un ambiente positivo, relajado, lleno de risas y diversiones. Una de las cosas más importantes que podemos hacer para nuestros hijos es darles unos padres tranquilos que saben disfrutar la vida. Los padres tienen el poder de hacer que la crianza de sus hijos sea menos angustiosa, más positiva y disfrutable. Por el bien de sus hijos y el suyo propio es esencial que así sea.

La familia como una comunidad de aprendizaje

Conforme los padres y los hijos aprenden a analizar mejor su propia conducta, se encontrarán en una mejor posición para ayudarse unos a los otros y a reconocer cuándo se están relacionando saludablemente y cuándo no. Es entonces cuando la familia comienza a ser una *comunidad de aprendizaje* y, como tal, deja de ser la institución tradicional en la que los padres son el ejemplo de virtudes y conocimientos que hay que transmitir a los hijos para que cuando crezcan sean iguales a la mamá y el papá. En esta nueva organización, se reconoce que los adultos no son productos terminados, sino adultos en entrenamiento, seres humanos imperfectos y que cometen errores. Los miembros de la familia deben entender que *absolutamente todos* necesitan aprender a cómo ser mejores personas y que este aprendizaje puede darse como una familia, en la que los niños aprenden de los padres y los padres de los hijos, y todos juntos. Como parte de este proceso, se recomienda que los padres inviten a sus hijos adolescentes —y púberes si lo consideran apropiado—a leer este libro y a discutir juntos capítulo por capítulo, situación por situación, estrategia por estrategia. Estas discusiones, acompañadas de un intercambio de ideas, harán que se conozcan mejor como personas, no sólo en su papel de madre, padre e hijos.

Las escuelas

Después de la familia, es probable que la escuela sea la siguiente influencia más importante para satisfacer las cinco necesidades vitales de los niños. Sin embargo, las escuelas tienen tantos o más problemas que la apabullada familia.

Las crisis de las escuelas públicas y las angustiadas demandas para una reforma durante las décadas de los sesenta, setenta y ochenta se prolongaron a la de los noventa, sólo que ahora las crisis son mayores y las demandas más vociferantes y urgentes. Los problemas de bajo aprovechamiento, financiamiento inadecuado, moral declinante de maestros y estudiantes, y pobres relaciones entre docentes y padres de familia se mantienen inalterables. Por otro lado, la insatisfacción que casi todo mundo expresa —estudiantes, padres de familia, maestros, directores escolares y de distrito, comunidades comerciales y gobiernos— va acompañada por una demanda cada vez mayor para un cambio.

LAS ESCUELAS Y LAS CINCO NECESIDADES VITALES

Jamás había sido tan grande la necesidad de unos modelos educativos que sean económicamente viables y que ofrezcan cambios fundamentales positivos, sistemáticos y constructivos, no sólo cosméticos. Debido a la diversidad de escuelas y al cambiante ambiente emocional, los modelos que se necesitan deben traspasar las fronteras geográficas, étnicas y socioeconómicas. Deben crear en los principales participantes un interés de propietarios por la escuela.

El autor de este libro fue codirector de un proyecto patrocinado por la Fundación Ford para crear una escuela modelo, a nivel primario (K-6), en 1970 en la ciudad de Los Ángeles. En esta escuela, los estudiantes, padres, maestros, miembros de la comunidad y administradores compartían las responsabilidades, obligaciones y autoridad, y tenían además el objetivo de revitalizar el proceso educativo.

La fuerza rectora de las escuelas fueron cuatro importantes conceptos: a) enseñanza y aprendizaje compartido, el método central de enseñanza era que todos los estudiantes se volvían maestros de otros estudiantes; b) planificación y toma de decisiones compartida, los estudiantes, maestros, padres de familia y administradores participaban activamente en la administración de la escuela; c) retroalimentación y responsabilidad compartida, un mecanismo de autocorrección permitía que toda la escuela y todos los participantes aprendieran de su propio comportamiento; y d) participación de los padres y la comunidad, los padres participaban en todos los aspectos escolares y la comunidad misma se convertía en una aula de clases para la escuela. Este es un programa de costo moderado que aprovecha y se basa en los recursos disponibles de cada escuela y comunidad: su propia gente.

Es fácil comprender cómo dicha escuela promueve las cinco necesidades básicas de los niños y por qué me gusta llamarla una *comunidad de peces gordos* (todo mundo es incluido, aceptado, se siente importante y el ambiente es de mutuo respeto). Es una comunidad de aprendizaje en la que todo mundo se preocupa y trata de lograr el bienestar de todos. La idea de implementar este concepto en los programas de educación secundaria se discute en el anexo I, *El papel de la educación secundaria en una sociedad democrática y cambiante.*

Consideraciones finales

En los albores del siglo XXI, es evidente que el progreso tecnológico ha dejado atrás al progreso en las relaciones humanas. A pesar de los milagros tecnológicos en la ciencia y en la medicina, cuando de relaciones humanas se trata, parece que a veces continuamos viviendo en el medioevo. Los conflictos abundan a nivel mundial, en la familia, en las comunidades, en las ciudades y provincias; en pocas palabras, en todos los estratos de la sociedad. Las buenas relaciones humanas son un lujo que ya no podemos darnos, mejor dicho, que nunca pudimos darnos.

¿Pero por dónde empezar? Como individuos, frecuentemente nos sentimos abrumados con sólo pensar en los problemas de nuestro país o del mundo. Sin embargo, podemos y debemos ayudar concentrándonos en dónde podemos tener el mayor impacto inmediato: en nosotros mismos, en nuestros hijos, nuestras familias y escuelas, en nuestras vecindades y comunidades.

Al concentrarnos en nuestros hijos, debemos empezar por fortalecer, antes que nada, los lazos que existen entre el papá y la mamá, de tal manera que la conducta de cada uno haga que el otro se sienta mejor de sí mismo. Al mismo tiempo, debemos tratar a nuestros hijos de la misma manera para que se sientan amados. También debemos colaborar en nuestras escuelas y ayudarlas a que desarrollen la misma sensación de comunidad que tratamos de conseguir en nuestras familias. Necesitamos abrirnos al mundo. Puede que no tengamos muchos familiares pero podemos amar a todos los niños y hacerlos parte de nuestra familia. Lo debemos hacer no sólo por humanidad, sino porque si lo analizamos bien, veremos que nos conviene. Con los millones de niños que están en peligro, nosotros también estamos en peligro. Y mientras esa situación perdure, no importa que tan bien nos encontremos, no hay manera de proteger a nuestros hijos o a nosotros mismos de la violencia, de los crímenes y del caos que existe en muchas de nuestras escuelas, vecindades y ciudades.

Así que no sólo debemos amar a nuestros hijos, sino a todos los niños —y esto significa que también a los niños de la casa de enfrente, de la siguiente cuadra, de la siguiente manzana y ¡del otro lado del pueblo! Y cuando digo amar a todos los niños no me refiero a que cada vez que veamos a uno nos detengamos para decirle: "Hola, te amo", sino a que los debemos de tratar amorosamente. Que cada vez que estemos en contacto con cualquier niño, aunque sea casualmente, aprovechemos la oportunidad de tratarlo con cortesía y respeto y no callarlo con altanería. Significa que cuando se encuentren a un padre con su hijo en el supermercado, saluden al padre y también al hijo. Si en una cena o en cualquier reunión social, nuestros amigos o parientes están acompañados de sus hijos, en vez de ignorarlos, debemos de mostrar interés en ellos y tratar de incluirlos en algunas de nuestras conversaciones pero sin presionarlos a participar en frente de otras personas en contra de su voluntad.

En ocasiones podemos ir más lejos; podemos pagar un campamento de verano, o contribuir permanentemente a la manutención de un niño, tal vez uno de los que están en peligro. Podríamos adoptar o ser padres de crianza de un niño. En otro nivel, podríamos unirnos a las campañas para combatir el hambre, el abuso, la drogadicción, o cualquier otra causa infantil. Una vez que se arraigue en nuestro ser que somos los guardianes de nuestro hermano, y que todos los niños son nuestros niños, descubriremos la manera de que sean una parte importante de nuestros pensamientos y vida.

Las familias y las escuelas deben asociarse para que los niños sean nuestra primera prioridad, y para que el amor y pragmatismo inherentes de esta nueva sociedad les permita pasar con mayor vigor y determinación de la palabra a la acción. Si creamos un ambiente en el que todas las personas se tratan y se sienten respetadas, importantes, aceptadas, incluidas y seguras, seremos una fuerza poderosa que logra que los niños, las familias y las escuelas —propios o de los demás— sean emocionalmente sanos y muy exitosos. Y quien sabe, a la mejor nos unimos tantos que logramos cambiar al mundo.

Guía de recursos para los padres

(Herramientas para una vida entera de aprendizaje)

*D*e entre la gran cantidad de excelentes publicaciones sobre las funciones de los padres, hemos seleccionado las que nos parecen más útiles, no sólo porque presentan una teoría bien fundamentada, sino porque son prácticas y ayudan a pasar de la teoría a los hechos. Todas contienen información muy valiosa y una gran cantidad de actividades y proyectos para los niños de todas las edades, que pueden realizar solos o acompañados por los familiares u otras personas. Estas obras fueron seleccionadas porque comparten el mismo enfoque preventivo, participativo y positivo de este libro, contrario a la solución de problemas y crisis conforme se presentan. Sin embargo, algunas obras son especialmente útiles para ciertos grupos de edades y con problemas específicos que van más allá del alcance de este libro. Otras son ricas fuentes de inspiración.

Veinte recursos para el aprendizaje

(Los libros de St. James y el Dr. Spock, #16 y #17, tienen pasta dura, todos los demás son en rústica.)

1. Ames, Louise Bates e Ilg, Frances L. (Una serie sobre el crecimiento y desarrollo con otros colaboradores: Haber, Carol Chase y Baker, Sidney M.)

   Los doctores Ames e Ilg son eminencias de prestigio universal sobre el desarrollo y la conducta infantil. Auspiciados por el Instituto Gesell de Conducta Humana —del cual son fundadores (1950) —escribieron una serie de 10 tomos sobre conducta y desarrollo infantil. Los primeros nueve tomos cubren los primeros 9 años de edad —un libro por año— y el décimo cubre de los 10 a los 14 años. Estos libros describen el desarrollo físico, emocional y psicológico infantil de manera didáctica e interesante y proporcionan muchos consejos prácticos y sabios sobre la conducta infantil y su manejo. Esta serie es un recurso excelente para que los padres puedan entender mejor a sus hijos en las diferentes etapas de su vida.

2. Benson, L., Galbraith, J., Espeland, P. *What Kids Need to Succeed*. Minneapolis: Free Spirit Publishing, 1995. (167 pp., $4.99)

   Este libro, basado en un estudio a nivel nacional, describe 30 cosas buenas que los jóvenes necesitan y más de 500 sugerencias concretas para conseguirlas en el hogar, en la escuela y en la comunidad. Describe una variedad de actividades que los niños pueden hacer solos o acompañados de familiares u otras personas y que ayudan a que el niño obtenga un sentimiento de logro, autoestima y servicio.

3. Bell, R., y Wildflower, L.Z. *Talking With Your Teenager.* Nueva York: Random House, 1983. (127 pp., $8.95)

Los autores enfatizan que la buena comunicación entre los padres y los adolescentes ayuda a los padres a percatarse de lo que sus hijos están experimentando durante esta edad. Este libro detalla la pubertad, la salud emocional, la sexualidad, el uso del alcohol y las drogas y los desórdenes en la alimentación para que los padres puedan hablar con sus hijos sobre estos problemas con conocimiento y compasión. Presenta una gran cantidad de consejos de otros padres para mejorar las relaciones entre padres y adolescentes.

4. Boston Women's Health Collective. *Ourselves and Our Children.* Nueva York: Random House, 1978. (288 pp., $9.95)

Uno de los temas de este libro, escrito por diez mujeres, es que uno de los mejores obsequios que podemos darle a nuestros hijos es unos padres relajados y felices que saben disfrutar de la vida. Este libro del Grupo Boston anima a los padres a atender a sus propias necesidades, como padres y personas. Plantea diferentes preguntas importantes tales cómo el ser padre se relaciona con el resto de la propia vida e infancia, el trabajo, las relaciones personales, la percepción de uno mismo y las preocupaciones sociales y políticas; o cuáles son las fuentes de apoyo de los padres. También contiene datos y consideraciones recopiladas durante entrevistas informales con más de 200 madres y padres.

5. Brazelton, T. Berry. *Touchpoints: Your Child's Emotional and Behavioral Development*. Reading, Mass.: Perseus Books, 1992. (469 pp., $16.00)

El Dr. Brazelton es reconocido mundialmente probablemente como el experto número uno en desarrollo infantil. Sus años de experiencia como pediatra, investigador y maestro lo califican especialmente para ayudar a los padres a comprender el desarrollo infantil desde un punto de vista físico, cognoscitivo, emocional y conductual. *Touchpoints* contiene una cantidad de información valiosa que ayuda a los padres a reducir la angustia y la tensión, y a evitar y manejar exitosamente los problemas en la educación de los niños.

6. Curran, Dolores. *Traits of a Healthy Family*. Nueva York: Ballantine Books, 1983. (315 pp., $5.99)

Los autores hicieron una encuesta a 500 profesionistas —maestros, doctores, sacerdotes, líderes de Boy Scouts y Girl Scouts, trabajadores sociales, etc.— para definir cuáles son las principales características de las familias saludables. En vez de enfocarse en los problemas, el libro se ocupa de los aspectos positivos. Ayuda a los padres a evaluar los puntos fuertes de la familia y es una fuente de ideas y actividades para fortalecerla aún más.

7. Davis, L., y Keyser, J. *Becoming the Parent You Want to Be: A Sourcebook of Strategies for the First Five Years*. Nueva York: Broadway Books, 1997. (426 pp., $20)

Este libro cubre ampliamente los primeros cinco años de vida. Los autores presentan nueve principios que ayudan a los padres a aprender durante toda su vida. Es un libro sencillo, con amplísima información sobre el desarrollo de los niños que ayudará a los padres a comprender el comportamiento de los niños. Tiene una gran cantidad de respuestas concretas sobre la alimentación, el dormir, la disciplina, los conflictos y los berrinches y cientos de cosas que preocupan a los padres. También ayuda a los padres a definir sus propias metas y a solucionar creativamente los problemas.

8. Gordon, Thomas. P.E.T. *Parent Effectiveness Training: The Tested Way to Raise Responsible Children.* Nueva York: Plume, 1975. (329 pp., $13.95)

Este libro, publicado por primera vez en 1970, sigue siendo uno de los más leídos, claros y fáciles de leer sobre la capacitación de los padres. Trata sobre habilidades específicas y métodos prácticos que ayudan a los padres a resolver y prevenir problemas en la educación de los niños. Gracias a este libro, los padres han descubierto que pueden desarrollar estas habilidades sin tener que tomar las clases de Entrenamiento Efectivo para Padres (P.E.T. por sus siglas en inglés). El libro contiene una enorme cantidad de excelentes recursos que ayudan a los padres a satisfacer las cinco necesidades vitales de los niños.

9. Lazear, J. y Lazear, W. L. *Meditations for Parents Who Do Too Much.* Nueva York: Simon & Schuster, 1993. (365 pp., $9)

Este librito contiene 365 meditaciones breves y estimulantes sobre las innumerables preocupaciones que los padres tienen o han tenido, además de buenos consejos para reducir la propia tensión y la de los hijos. Aunque no toma más de dos o tres minutos de lectura, cada meditación es una joya de sabiduría. Enfatizan el tomar las cosas con calma y disfrutar más el hecho de ser padres.

10. Lewis, B. A. *The Kid's Guide to Service Projects: Over 500 Service Ideas for Young People Who Want to Make a Difference.* Minneapolis: Free Spirit Publishing, 1995. (175 pp., $10.95)

Este es un excelente recurso para las familias preocupadas en servir a la comunidad. Contiene más de 500 ideas para mejorar a la comunidad, a las personas sin hogar, con hambre o con necesidades especiales, a los iletrados y a los ancianos, a combatir el crimen, a mejorar el medio ambiente, la transportación, la seguridad, la salud, los días de fiesta, la amistad, o a participar en la política y en el gobierno, entre otra· áreas. También se discuten los diez pasos para crear proyectos con éxito.

11. Lofas, Jeannette, con Sova, Dawn B. *Stepparenting: Everything You Need to Know to Make It Work!* Nueva York: Kensington Books, 1996 (228 pp., $12)

El subtítulo lo dice todo. Cualquier persona que mantiene una relación o está casada con alguien con hijos de un matrimonio previo encontrará valiosísima información para ser un buen padrastro o madrastra. Se discuten las condiciones que obstaculizan las relaciones sanas entre adultos y niños desde que los padres se cortejan hasta que se casan y forman un hogar. Se sugieren muchas técnicas para prevenir y resolver los problemas.

12. Madaras, L. *Talks to Teens About AIDS: An Essential Guide for Parents, Teachers, and Young People*. Nueva York: Newmarket Press, 1988. (106 pp., $5.95)

El SIDA es una enfermedad que tan sólo de pensar en ella atemoriza y angustia a los padres al grado que no les permite hablar adecuadamente con sus hijos sobre ella. Este libro ayuda a los padres, maestros y adolescentes a entender y prevenir la transmisión de esta enfermedad. Separa los hechos de los rumores: quién se infecta, cuáles son los síntomas, cómo y cómo no se transmite y cómo se puede prevenir. El libro es claro, franco y directo y ayuda a los padres y a los adolescentes a hablar eficazmente sobre el SIDA.

13. Marlor Press. *Kids Vacation Diary*. Saint Paul: Marlor Press, 1995. (95 pp., $6.95)

Este libro de trabajo para niños de 6 a 12 años está lleno de juegos y actividades en torno a un viaje, las cuales están divididas en tres fases: la preparación del viaje, el viaje mismo y los recuerdos. Además de ser divertido, es una gran oportunidad para mejorar la lectura, la escritura, la capacidad de planeación, la toma de decisiones y la oratoria. Aunque gira alrededor de un viaje, el diario puede adaptarse a la vida familiar.

14. Newmark, Gerald. *This School Belongs to You and Me: Every Learner a Teacher, Every Teacher a Learner*. Nueva York: Hart Publishing Company, 1976. (431 pp., $9.95)

Este libro es un modelo de educación innovadora. Describe un ambiente favorable para el aprendizaje desde párvulos hasta el sexto año. Los participantes principales son los niños, padres, maestros y administradores y todos comparten las funciones, autoridad y responsabilidad por revitalizar el proceso educativo. Hay cuatro conceptos primordiales que gobiernan la escuela: a) enseñanza y aprendizaje compartidos (todos los estudiantes son maestros —unos de los otros— como método educativo central) b) planeación y toma de decisiones compartida, c) retroalimentación compartida y d) participación de la comunidad y de los padres. Se puede adquirir llamando a NMI Publishers, Tarzana, CA 91356, Tel. (818)708-1244 (internacional) ó 1-800-934-2779 (EE.UU.).

15. Peel, Kathy. *The Family Manager's Guide for Working Moms.* Nueva York: Ballantine Books, 1997. (202 pp., $12)

Este es un excelente libro para los padres que desean saber cómo organizar mejor su tiempo para ser eficientes al máximo. Muestra cómo aprovechar los procedimientos empresariales y cómo aplicarlos eficazmente en el hogar. Enseña muchas técnicas, ideas, métodos y estrategias para trabajar con mejores resultados y menos esfuerzo. No es sólo para las madres que trabajan, sino para cualquier padre atareado que se siente presionado. Con adoptar tan sólo unas cuántas ideas, se notarán inmediatamente los beneficios y cómo la carga se aliviana.

16. St. James, Elaine. *Simplify Your Life With Kids: 100 Ways to Make Life Easier y More Fun.* Kansas City, MO: Andrews McNeel Publishing, 1997. (361 pp., $14.95)

Una rica fuente de ideas para simplificar la vida con los hijos presentada como una interesante conversación. Los consejos son prácticos, sensatos y sobre casi todos los aspectos de la vida de los padres con sus hijos. Cubre las rutinas cotidianas —desde que se levantan en la mañana hasta que se quedan profundamente dormidos y todo lo que sucede durante el día—, las cargas de trabajo, la acumulación de cosas, el uso del teléfono, formas de conseguir ayuda y colaboración familiar, maneras fáciles de celebrar o disciplinar y solucionar conflictos, diferentes aspectos familiares, escolares y después de la escuela, los viajes, la salud y muchas cosas más que facilitan la vida.

17. Spock, B. M., M.D. *A Better World for Our Children: Rebuilding American Family Values*. Betheseda, MD: National Press Books, 1994. (205 pp., $22.95)

Este es un libro escrito por el decano de los expertos en educación infantil. Capacita a los padres para influir en el futuro de sus hijos y enseña a las familias actividades que pueden realizar juntas para lograr un cambio en sus hogares y en sus vecindades. Estas actividades contribuyen a la solidaridad familiar y a mejorar la autoestima de los chicos, además de muchos otros beneficios.

18. Stock, G. *The Kids Book of Questions*. Nueva York: Workman Publishing, 1988. (207 pp., $4.95)

Contiene 260 preguntas intrigantes, interesantes y a veces divertidas. Plantea dilemas y temas profundos a los que se enfrentan tanto los adultos como los niños durante la vida (por ejemplo, cómo tratar, entender o manejar la autoridad, la amistad, las presiones sociales, el miedo, hacer elecciones éticas y mucho más). Es un valioso libro de actividades semanales o mensuales en las que cada miembro de la familia contesta una pregunta que luego todos analizan.

19. York, P. y York, D. *Tough Love: A Self-Help Manual for Parents Troubled by Teenage Behavior*. Sellersville, PA: Community Service Foundation, 1980.

Este es un manual para los padres cuyos hijos adolescentes tienen serios problemas: faltan a clases o son perezosos, se fugan de la casa, consumen alcohol o drogas, o violan las leyes. Estos son los jóvenes que ni los asesores escolares, ni los padres amorosos o las autoridades han logrado corregir. Está escrito para aquellos padres a los que nada les ha funcionado. El manual explica lo que es el "amor férreo", quién lo necesita, y detalla un plan para ponerlo en práctica.

20. Group for Environmental Education, Inc. *Yellow Pages of Learning Resources*. Philadelphia, 1972.

Este es un libro que se ocupa del potencial que tiene la ciudad como centro de aprendizaje. Los entornos urbanos son llamados "salones de clase sin paredes" en los que las personas de todas las edades tienen infinitas oportunidades para aprender. Recalca que todas las personas, lugares y eventos de la comunidad potencialmente son recursos ricos de aprendizaje, los cuales pueden y deben ser sistemáticamente explotados por nuestras escuelas. También ayuda a los padres que trabajan con sus propios hijos.

COMENTARIOS

Las publicaciones antes mencionadas contienen información valiosísima sobre las funciones de los padres. Probablemente van a querer leer algunos de estos libros de principio a fin, hojear otros y tener otros como libros de referencia. Es recomendable hojear a todos para familiarizarse con su contenido y saber cuales son los que desean tener como parte de la biblioteca familiar. Encontrarán a la mayoría en una biblioteca local y a los otros los pueden examinar en las librerías.

Lista de actividades familiares

Marca con una X cada actividad que crees que te puede interesar. Marca con un signo de interrogación sobre las que te gustaría obtener más información.

Juegos

___ 20 preguntas

___ Billar

___ Cartas

___ Charadas

___ Crucigramas

___ Dados

___ Dardos

___ Herraduras

___ Juegos de mesa (ajedrez, damas, monopoly, etc.)

___ Rompecabezas

Deportes

___ Boliche

___ Andar a caballo

___ Arco y flecha

___ Bádminton

___ Baloncesto

___ Béisbol

___ Boliche en el césped

___ Bucear con esnórquel

___ Caminar

___ Carreras/carreras de autos

___ Ciclismo

___ Croquet

___ Esgrima

___ Espectador de deportes

___ Esquiar (nieve o agua)

___ Fútbol

___ Fútbol americano

___ Globos de aire caliente

___ Golf

___ Judo

___ Kayac

___ Natación

___ Navegar

___ Patinar

___ Patineta

___ Racquet Ball

___ Remar

___ Squash

___ Tenis

___ Tenis de mesa

___ Tiro al blanco

___ Trotar

___ Voleibol

Naturaleza

___ Andar en la playa

___ Astronomía

___ Botánica

___ Cacería

___ Caminata a campo traviesa

___ Campamento

___ Caza mayor

___ Crianza de peces tropicales

___ Cuidado de animales

___ Ecología/Conservación

___ Geología

___ Jardinería

___ Jardinería de interiores

___ Jardinería en invernadero

___ Meteorología

___ Montañismo

___ Observación de graneros

___ Observación de la fauna

___ Observación de pájaros

___ Ornamentación

___ Recolección de alimentos salvajes

___ Rocas y fósiles

Colección de objetos

___ Antigüedades (libros, botellas, muñecas, etc.)

___ Artesanías

___ Botones

___ Cartelones

___ Estampillas

___ Fósiles

___ Fotografías (aeropuertos, edificios de gobierno, señales graciosas, etc.)

___ Monedas

___ Recetas

___ Reproducciones a escala

___ Rocas

___ Tarjetas postales

Manualidades

___ Acolchado

___ Álbumes de fotos y recuerdos

___ Alta cocina

___ Armar modelos a escala

___ Arreglos florales

___ Coser

___ Decoración con recortes de papel

___ Decoración de interiores

___ Encuadernación

___ Fabricación de velas

___ Fabricación de vino

___ Miniaturas

___ Muebles

___ Origami

___ Preparación de chorizos

___ Reparación de aparatos eléctricos

___ Reparación de automóviles

___ Reparación de juguetes

___ Repostería

___ Soldadura

___ Tallado a navaja

___ Tapetes

___ Tapicería

___ Tejido

___ Trabajos en piel

Arte y música

___ Caligrafía

___ Canto en coro

___ Caricaturas

___ Contar chistes

___ Dibujo

___ Filmación

___ Tocar instrumentos musicales

___ Pintura

___ Fotografía

___ Actuación

___ Lectura de obras teatrales

___ Bailes populares

___ Exhibiciones de marionetas

___ Bailes regionales

___ Ventriloquia

___ Escultura en madera

Escritura

___ Llevar un diario

___ Historietas de ficción

___ Tarjetas de felicitación

___ Relatos históricos

___ Correspondencia

___ Obras de teatro

___ Poesía

___ Cuentos

Actividades sociales

___ Escuchar en grupo

___ Discusiones en grupo

___ Recepciones en casa

___ Visitar amigos

___ Comer fuera del hogar

___ Días de campo

___ Actividades religiosas

Actividades educativas, de diversión y culturales

___ Aprender otro idioma

___ Asistir a conciertos

___ Asistir a festivales artísticos

___ Control de peso

___ Cursos para mejorar las habilidades

___ Cursos universitarios de interés general

___ Ejercicios

___ Escuchar música clásica

___ Escuchar música popular

___ Genealogía

___ Ir a mercados de artículos usados o al tianguis.

___ Ir a subastas

___ Ir al cine

___ Ir al teatro

___ Lectura en general

___ Lectura para proyectos especiales

___ Meditación o contemplación personal

___ Tomar cursos educativos por televisión

___ Ver, analizar y evaluar programas de televisión

___ Viajar

___ Viajes con objetivos definidos

___ Visitar museos

___ Visitar zoológicos

___ Yoga

Actividades de voluntariado

___ Adoptar a un niño temporalmente

___ Asesoría profesional y administrativa

___ Asistente de secretaria o contador

___ Asistente en un museo

___ Asistente en una biblioteca

___ Capacitación a minusválidos para el empleo

___ Cuidado de los ciegos

___ Lectura a los ciegos

___ Manejo de automóviles
o camiones

___ Mantenimiento de
edificios

___ Mesas directivas

___ Recaudación de fondos

___ Servicios para ancianos

___ Servicios para niños y
jóvenes

Actividades organizativas

___ Clubes de coleccionistas

___ Clubes de comunicación

___ Clubes de juegos

___ Clubes de libros

___ Fraternidades

___ Grupos de acción política
y social sin afiliación
partidiaria

___ Grupos de ayuda
internacional

___ Grupos de pasatiempos

___ Grupos de servicios

___ Grupos deportivos

___ Grupos políticos

___ Grupos que se reúnen al
aire libre

___ Grupos religiosos

___ Organizaciones étnicas

___ Organizaciones inter-
culturales

Otros

___

___

___

___

___

Análisis y superación
de la propia conducta

Diario de actividades

En una hoja tamaño carta copie las siguientes preguntas y deje suficiente espacio para las respuestas. Al final del día, use esta hoja como guía y conteste *brevemente* cada pregunta en su diario.

1. ¿Qué hice hoy para satisfacer las cinco necesidades vitales de mis hijos? Anote la necesidad y lo qué hizo bien.

2. ¿Qué hice hoy que haya ido en contra de las cinco necesidades vitales de mis hijos? Anote la necesidad y lo qué hizo mal.

3. ¿Qué aprendí acerca de mí mismo y de mis actitudes, conducta, puntos fuertes y débiles?

4. Si pudiera volver a comenzar el día de hoy, ¿qué haría diferente?

5. Comentarios y dudas sobre la conducta y actitud de mis hijos y mías:

ANEXO C

Resumen del rendimiento familiar

En una hoja tamaño carta copie las siguientes preguntas y deje suficiente espacio para las respuestas. Después de la sesión semanal sobre el rendimiento familiar, use esta hoja como guía y conteste *brevemente* las preguntas en su diario.

1. ¿Hubo algo que le gustó en especial sobre la reunión?

2. ¿Hubo algo que le disgustó en especial sobre la reunión?

3. ¿Se mencionó algo que obstaculiza o contribuye a la vida familiar?

4. De las cosas anotadas en la pregunta 3, ¿hay algo que amerita mayor atención?

5. ¿Hay algo que le gustaría hacer diferente en la próxima sesión?

6. ¿Hay temas que se discuten semana a semana al que hay que ponerle especial atención? (Contestar después de la cuarta reunión de cada mes.)

147

Encuesta sobre el cuidado propio de los padres

La información de esta encuesta es el punto de partida para preparar un plan para cuidarse a usted mismo. En una hoja tamaño carta copie las siguientes preguntas y deje suficiente espacio para las respuestas. Incluya esta hoja en su diario.

1. A continuación anote las actividades en las que participa por placer, educación o salud. Para cada actividad indique la frecuencia, el tiempo y si desea hacerla solo, con su cónyuge u otras personas.

2. Anote las actividades que le gustaría agregar o tener en lugar de alguna de las antes mencionadas.

3. Con esta información prepare un primer plan de actividades para un mes. Al final de este periodo, use el Anexo E para evaluar su progreso y hacer los cambios necesarios en el plan o en su conducta.

Evaluación del cuidado propio de los padres

En una hoja tamaño carta copie las siguientes preguntas y deje suficiente espacio para las respuestas. Al final de cada mes y usando esa hoja como guía, conteste *brevemente* las preguntas en su diario para poder evaluar cuánto ha logrado implementar su plan y qué cambios necesita hacerle.

1. ¿Hasta qué punto se cumplió el plan?

2. ¿Qué ayudó o evitó que se cumpliera exitosamente el plan?

3. En relación a su cuidado personal, ¿qué aprendió sobre usted mismo sobre a) actitudes, b) conducta, c) puntos fuertes y d) puntos débiles?

4. El mes próximo, ¿qué cambios hay que hacerle al plan o a su conducta?

5. Comentarios o preguntas.

Encuesta sobre las actividades familiares

Para obtener la información necesaria para preparar un plan familiar de actividades, en una hoja tamaño carta copie las siguientes preguntas y deje suficiente espacio para las respuestas. Use esta hoja como guía y conteste brevemente cada pregunta en su diario.

1. Anote las actividades en las que participa como familia. Para cada actividad indique la frecuencia, el tiempo y con quiénes de su familia.

2. Anote las nuevas actividades que le gustaría agregar o tener en lugar de alguna de las antes mencionadas.

3. Con esta información prepare un primer plan de actividades para un mes. Al final de este periodo, use el Anexo G para evaluar su progreso y hacer los cambios necesarios en el plan o en su conducta.

Evaluación de las actividades familiares

Al final de cada mes conteste *brevemente* las siguientes preguntas en su diario para (1) evaluar cuánto ha logrado implementar el plan y (2) qué cambios necesita hacerle. En una hoja tamaño carta copie las preguntas y deje suficiente espacio para las respuestas. Use ésta hoja como guía.

1. ¿Hasta que punto se cumplió el plan?

2. ¿Qué ayudó o evitó que se cumpliera exitosamente el plan?

3. En relación a las actividades familiares, ¿qué aprendió sobre usted mismo sobre a) actitudes, b) conducta, c) puntos fuertes y d) puntos débiles?

4. El mes próximo, ¿qué cambios hay que hacerle al plan o a su conducta?

5. Comentarios o preguntas.

Encuesta sobre el bienestar de los niños

Este formulario debe llenarse semanal o mensualmente para cada niño. En cada renglón marque con un círculo el número que califica qué tan bien va el niño, o marque la X. Haga copias de este formulario. En su diario anote esta información.

Niño_____   Fecha_____

	No bien (Negativo)			Bien (Positivo)			No estoy Seguro
1. Salud	1	2	3	4	5	6	X
a. Dormir	1	2	3	4	5	6	X
b. Comer	1	2	3	4	5	6	X
c. Ejercicio	1	2	3	4	5	6	X
d. Energía	1	2	3	4	5	6	X
e. Enfermedades	1	2	3	4	5	6	X
2. Actitudes/Conducta	1	2	3	4	5	6	X
a. Actitud hacia la vida	1	2	3	4	5	6	X
b. Actitud hacia las personas	1	2	3	4	5	6	X
c. Actitud hacia la vida familiar	1	2	3	4	5	6	X
d. Respeto a sí mismo	1	2	3	4	5	6	X
e. Respeto a los demás	1	2	3	4	5	6	X
f. Confianza en sí mismo	1	2	3	4	5	6	X
g. Confianza en los demás	1	2	3	4	5	6	X
h. Se siente apreciado	1	2	3	4	5	6	X
i. Muestra gratitud	1	2	3	4	5	6	X
j. Se siente incluido	1	2	3	4	5	6	X
k. Incluye a los demás	1	2	3	4	5	6	X
l. Es acomedido (ayuda)	1	2	3	4	5	6	X
3. Actividades recreativas o de descanso	1	2	3	4	5	6	X
4. Relaciones personales	1	2	3	4	5	6	X
a. Padres	1	2	3	4	5	6	X
b. Hermanos/Hermanas	1	2	3	4	5	6	X
c. Otros miembros de la familia	1	2	3	4	5	6	X
d. Amistades	1	2	3	4	5	6	X
e. Niño/Niña	1	2	3	4	5	6	X
5. Aprendizaje/Escuela	1	2	3	4	5	6	X
6. Uso del tiempo	1	2	3	4	5	6	X

El papel de la escuela secundaria en una sociedad democrática y cambiante

La escuela secundaria ocupa esa parte de la vida que pudiera caracterizarse como el periodo de transición de la adolescencia a la edad adulta. El ser adulto significa ser más responsable de la propia vida, tomar más decisiones personales —especialmente decisiones trascendentes sobre el trabajo, las diversiones, la educación y relaciones con el sexo opuesto—, ser autosuficiente financieramente, y en general convertirse paulatinamente en un ser independiente. Debería también significar asumir más responsabilidades para mejorar la calidad de vida de la comunidad y participar más activamente en los procesos democráticos de la sociedad.

La educación secundaria, diríamos, está en el negocio de "formar adultos". Para esto, tiene que tomar en cuenta las necesidades de la persona y de la comunidad. Los adolescentes necesitan explorar, ampliar sus intereses y opciones, mejorar sus habilidades, tener confianza en sí mismos y sentirse valiosos. La comunidad necesita individuos íntegros que cooperan, se preocupan y ocupan de mejorar la sociedad.

Uno de los problemas que existen para lograr esta transición, es el aislamiento y la segregación de los jóvenes de las actividades de los adultos. Otro problema es que se ha relegado la educación a las aulas escolares y dentro de una estructura tradicional en la que grandes grupos de estudiantes reciben pasivamente la información del maestro, quien es el único propagador de conocimientos y educación. La naturaleza autocrática y jerárquica de la mayoría de las escuelas ha creado relaciones adversas en vez de fomentar la colaboración entre los participantes. En vez de que la escuela sea el lugar dónde el ambiente es el más interesante y animado de cada comunidad, encontramos que los maestros, los estudiantes y los administradores están frecuentemente aburridos, frustrados, enojados e infelices.

Para "formar adultos" la escuela primero tiene que crecer. Las escuelas secundarias tienen que convertirse en comunidades de aprendizaje en las que sus miembros se unen en un esfuerzo común para que todos aprendan mejor. Los que se gradúan de este tipo de comunidad sobresaldrán por: a) su capacidad para estudiar por su propia cuenta, trabajar eficazmente y cooperar con sus compañeros, b) sus actitudes positivas hacia el aprendizaje, c) su gran capacidad en ciertas áreas del programa escolar, d) su confianza en sus habilidades para aprender nuevas cosas, e) su preocupación por el crecimiento, desarrollo y bienestar de los demás y f) su disposición para triunfar en los estudios superiores o en la fuerza de trabajo.

Metas principales

LA ADQUISICIÓN DE CONOCIMIENTOS Y DE HABILIDADES

La educación secundaria debe ayudar a los estudiantes a adquirir los conocimientos y las habilidades necesarias para funcionar eficazmente en la sociedad y a comprender y disfrutar el mundo que los rodea. A continuación describimos algunos aspectos más importantes de la formación de los jóvenes.

A los dieciocho años, cada estudiante debería ser capaz de comunicarse eficazmente y saber cómo escuchar, hablar, leer y escribir correctamente. Debe de haber tenido oportunidades para corregir los defectos anteriores y alcanzar niveles superiores de comunicación y aprender a escribir creativa y técnicamente. Estas habilidades deberían enfatizarse en todas las áreas del programa escolar porque son fundamentales para seguir educándose, ser parte de la fuerza de trabajo y llegar a ser un buen ciudadano.

Además de la capacitación básica y los conocimientos mínimos que cada estudiante debiera tener en ciencias, artes y humanidades como preparación para la universidad o como parte de su educación general, la educación secundaria debería conseguir que los estudiantes dominaran diferentes áreas, independientemente de si continúan o no con su formación escolar. Cada estudiante debería estar capacitado para trabajar en algún puesto apropiado para un graduado de la escuela secundaria y empezar a ser autosuficiente económicamente con un empleo de medio tiempo o tiempo completo. Cada estudiante debería elegir una materia en la que concentrara todos sus esfuerzos y participar en un deporte *personal* que le permita ejercitarse y disfrutar durante toda su vida. También a todos los estudiantes se le debería enseñar a que apreciaran el arte o la música y tener la oportunidad de dominar alguna de sus diferentes modalidades.

Además de aprender a valorar la buena salud, todos los estudiantes deberían preparar y participar en un programa individual de ejercicios aeróbicos que les permitiese obtener cuando menos treinta puntos académicos a la semana. Una de las áreas más importantes y satisfactorias de la vida, aunque probablemente la más difícil, son las relaciones con el sexo opuesto. A pesar de esto, los estudiantes tienen muy poca preparación en el cortejo, las relaciones sexuales, el matrimonio y la paternidad. Deberían tener la oportunidad de preguntar, estudiar, aprender y discutir durante toda su educación secundaria.

CAPACIDAD PARA EL
APRENDIZAJE AUTODIRIGIDO

En la era del "Ciberespacio" todo cambia constantemente y la única constante es el cambio mismo. La nueva información se vuelve obsoleta casi tan rápido como aparece. Los avances tecnológicos frecuentemente traen consigo la semilla de problemas futuros. Ya que para poder funcionar eficazmente es necesario seguir aprendiendo continuamente durante toda la vida, la autoeducación debe de ser uno de nuestros principales objetivos. Una persona que se autoeduca puede formular sus propias metas, estudiar las alternativas, preparar un plan, elegir y utilizar los recursos humanos y materiales eficazmente, evaluar su propio progreso, revisar los planes, trabajar independientemente en un proyecto y ser lo suficientemente tenaz para lograr terminarlo.

LAS RELACIONES INTERPERSONALES
Y EL SENTIDO DE COMUNIDAD

Nuestra sociedad tiene grandes problemas que se reflejan en el creciente número de estudiantes que abandonan la escuela, en el vandalismo, la tasa de divorcios, la drogadicción, el crimen y violencia en las calles, la deshonestidad del gobierno y las malas relaciones interraciales.

La mayoría de nuestros problemas no son técnicos, sino humanos. Parece que no podemos llevarnos bien entre nosotros, ni confiar, ni comunicarnos, ni trabajar juntos o preocuparnos por los demás. El que la gente se ayude entre sí ya no es un lujo sino algo indispensable para sobrevivir.

La educación secundaria debería enseñar a trabajar en colaboración con otras personas y a desarrollar un sentido de propiedad de nuestras instituciones. Las escuelas deberían promover la cooperación en vez de la competición, el trabajo de equipo en vez de las relaciones entre adversarios. Se deberían convertir en comunidades de aprendizaje en las que cada salón es una microcomunidad.

Metodología

INSTRUCCIÓN INDIVIDUALIZADA

La proporción de un maestro por cada treinta o más estudiantes hace que sea casi imposible atender la amplia gama de diferencias individuales en aptitudes, habilidades, motivaciones, estilos de aprendizaje y niveles de logro. Los materiales y métodos deberían permitir a cada estudiante progresar a su propio ritmo, ser ayudados cuándo, dónde y cómo lo necesiten. A pesar de que estos materiales y métodos se encuentran disponibles desde hace tiempo en la forma de clases privadas por estudiantes mayores, instrucción programada, aprendizaje asistido por computadora y otros materiales para la autoenseñanza, grupos reducidos, voluntarios en los salones de clase, y programas de mentores y de voluntarios que motivan con su ejemplo, su incorporación a los programas escolares del país no se ha difundido o no ha sido consistente.

CLASES PRIVADAS DADAS POR LOS ESTUDIANTES

El aprender enseñando o las clases privadas dadas por los mismos compañeros o por alumnos de edad mayor a uno de edad menor son un método de instrucción individualizada muy importante y altamente motivadora. Los que reciben la clase se benefician con la ayuda, y los que la dan mejoran su habilidad para aprender.

La escuela secundaria debería promover la idea general que las relaciones entre todos los salones de clase, del mismo y de diferente grado, debería ser de ayuda. No me refiero a que se corrijan, sino a que todos los estudiantes, al trabajar en equipos, sean una fuente de recursos para los demás; de esta manera todos aprenden a enseñar y enseñan cómo aprender.

Cuando los estudiantes dan clases particulares desarrollan un sentido comunitario y aprenden a preocuparse por los demás y a ser responsables. Esta posición de responsabilidad los motiva y los hace sentir importantes. Además, al ayudar a otros a aprender, los estudiantes prueban, desarrollan y profundizan sus propios conocimientos y entienden mejor el proceso mismo del aprendizaje. La competición es remplazada por la cooperación.

PLANEACIÓN COMPARTIDA Y LA TOMA DE DECISIONES

A pesar de que nuestro país se enorgullese de sus instituciones democráticas, a nuestros jóvenes no les damos la oportunidad adecuada para que practiquen y aprendan cómo ser ciudadanos activos.

La escuela secundaria debería ser una comunidad llena de vida en la que se vive y aprende. Los estudiantes deberían participar en su dirección y administración para que sientan que es algo propio. Tantos los estudiantes, padres y el personal escolar deberían establecer metas y elaborar los planes para lograrlas. Conforme los estudiantes van desarrollando este sentido de propiedad, el vandalismo, la falta de asistencia, los que abandonan la escuela, las malas calificaciones y la apatía disminuirán y serán remplazados por el interés, la alegría, la participación, la atención y la dedicación. Los estudiantes entonces se estarán preocupando por la escuela y por sus compañeros.

ANÁLISIS DE PROYECTOS Y LOGROS

No importa que tan unidos se encuentren al principio el personal (maestros y administradores) y los clientes (niños y padres), siempre surgirán conflictos, especialmente cuando cambian las circunstancias. La fortaleza de una empresa no está en la falta de diferencias, sino en la manera en que se manejan. Cuando se manejan mal, destruyen el proceso educativo, pero cuando se manejan bien, son una fuerza positiva que permite el cambio. Es por esto que la escuela debe tener previsto los canales para la crítica y la corrección de sí misma. Las sesiones de comentarios sobre los proyectos y logros son estos canales.

Cuando los integrantes de un grupo se reúnen para analizar y comentar abiertamente los proyectos y los logros alcanzados, tienen la oportunidad de comprender los efectos que tienen sus acciones en las otras personas. En estas ocasiones pueden expresar sus problemas y pedir y ofrecer ayuda. Este es un ejercicio de autogobierno, dónde todas las decisiones y las acciones pueden ser cuestionadas, incluso las de las personas que tienen la autoridad. Este es el momento para compartir honestamente los puntos de vista sin sentirse amenazados ya que las personas criticadas no se ponen a la defensiva, sino que aceptan de buena manera los comentarios porque, gracias a éstos, podrán aprender y mejorar la situación.

Generalmente, en este tipo de reuniones la participación de los integrantes es espontánea y no se sigue una orden del día. La discusión se centra en lo que cada quien está haciendo que entorpece o ayuda a alcanzar los objetivos de la escuela y mantener alta la moral.

LA COMUNIDAD CÓMO UN SALÓN DE CLASE

Se mencionó que uno de los principales problemas para pasar de la adolescencia a la edad adulta es que los jóvenes están relativamente aislados de las actividades importantes de los adultos. El concepto de "comunidad como salón de clase" es una de las soluciones a este dilema.

Este concepto enfatiza que todas las personas, todos los sitios y eventos de la comunidad en general son recursos potenciales importantes para aprender y pueden y se deben explotar constantemente. El manual "Yellow Pages of Learning Resources" dice sobre el potencial que tiene la ciudad como lugar de aprendizaje: "Se ha creído que la educación está confinada a los salones de clase y que a las escuelas son los baluartes del conocimiento. Sin embargo, el lugar más increíble que existe para aprender es la vida urbana. Es ésta un salón de clases sin paredes, una universidad abierta para personas de todas las edades y ofrece además un programa ilimitado con pericia infinita. Si podemos comprender y observar la vida urbana, habremos creado salones de clases con infinidad de ventanas hacia el mundo".

Al convertirse la ciudad en un salón de clase y al quedar a disposición de las escuelas las habilidades de los padres y las de las personas de la comunidad se irá erradicando el aislamiento de los jóvenes.

En síntesis

Una de las razones importantes por las que las escuelas están fallando o las más exitosas no están logrando todo lo que pudieran es la falta de un sentido de comunidad y la sensación de impotencia. El dinero, los materiales, el equipo y los edificios nuevos son importantes y necesarios pero tienen un impacto limitado en los resultados cuando los niños, los padres, los maestros y administradores se sienten impotentes y se ven a sí mismos como víctimas o adversarios. La escuela debe tener una filosofía de cohesión y en sus programas se debe reflejar el entusiasmo, la energía y el apoyo.

La escuela secundaria debería intentar convertirse en una "comunidad de aprendizaje", en la cual los problemas se consideran que son "nuestros problemas", los fracasos, "nuestros fracasos" y los triunfos, "nuestros triunfos". Este concepto se basa en la idea de que la gente puede aprender, crecer, participar y contribuir mucho mejor cuando siente que tiene el control de su propio destino.

Los estudiantes deberían tener una sólida preparación intelectual y vocacional, tener un sentido de autovalía, poder aprender por sí mismos, preocuparse por el bienestar de los demás, y saber cooperar cuando trabajan. De esta manera ellos podrán enfrentar el futuro con confianza y emoción, ya sea que continúan su educación académica o ingresan a la fuerza laboral.

Índice del contenido de los capítulos

Acerca del autor

El **Dr. GERALD NEWMARK** es presidente del Newmark Management Institute, padre de familia, educador, especialista en ciencias de la conducta y asesor de empresas. A lo largo de su carrera, el Dr. Newmark ha combinado el sentido común con la metodología científica para ayudar a las organizaciones y a las personas a ser más eficaces.

Durante 15 años fue investigador de factores humanos en System Development Corporation, donde trabajó en el diseño, el desarrollo y la evaluación de sistemas instructivos y de capacitación para las escuelas públicas y los programas militares.

Bajo el patrocinio de la Fundación Ford, el Dr. Newmark trabajó durante siete años con niños, padres y maestros de las escuelas de Los Angeles, California, como codirector de un proyecto para desarrollar una escuela modelo. Los resultados de este esfuerzo se describen en su libro *This School Belongs to You and Me: Every Learner a Teacher, Every Teacher a Learner.* Por su encomiable labor, el Dr. Newmark recibió un reconocimiento presidencial.

Uno de los aspectos importantes de la vida adulta del Dr. Newmark ha sido su participación en actividades cívicas y juveniles. Trabajó con la Fundación Synanon durante seis años en un proyecto pionero sobre el tratamiento de la drogadicción y, en la zona central de Los Angeles, con Operation Bootstrap, en proyectos dedicados a mejorar las relaciones interraciales. Fue asesor de las Olimpiadas Especiales de California y del Departamento de Educación Estatal de California. El Dr. Newmark ha sido miembro del Consejo Directivo de la Comisión Nacional para los Recursos Juveniles y de dos programas para farmacodependientes, el Amity, Inc. en Arizona, y el Tuum Est en Los Ángeles.

El Dr. Newmark es miembro de la Asociación Americana de Psicología Humanística, de la Sociedad Charles F. Menninger y de la Asociación Nacional para los Enfermos Mentales. En la actualidad es miembro del consejo directivo de dos organizaciones sin fines de lucro, The Catticus Corporation y el Centro para la Reunificación de las Familias.